カリスマ・ナニーが教える

赤ちゃんとおかあさんの 快眠講座

ジーナ・フォード
高木千津子◎訳

The New
Contented
Little Baby Book
by Gina Ford

朝日新聞出版

まえがき

現在出版されている育児書は、医者や心理学者などの「偉い人たち」が書いたものがほとんどで、本に登場するのは、彼ら自身の親子関係や実験に参加した子どもたちの話がメインです。医学的なデータや子どもの発達に関する学術的な読み物はもちろん興味深いのですが、生まれたばかりの赤ちゃんを抱えて、昼夜格闘している平均的な新米ママにとって、いったいそれがどれほど役に立つでしょう。

例えば、ほとんどの本があなたに教えてくれるのはこんな感じのことです。赤ちゃんが夜中に4、5回目を覚ますのは普通のことです、赤ちゃんが欲しがるだけ何回でも何分でもおっぱいをあげましょう、すると赤ちゃんは自分の睡眠パターンを見つけだします、とこういった具合です。このような本を書く著者は、おそらく就業時間がフレキシブルで、赤ちゃんが眠っている間に仕事を片づけてしまえる人たちなのでしょう。しかし朝7時には起床、上の子どもたちの面倒を見て、9時には仕事を始めなければならない普通の親たちはどうでしょう。夜中に何度も何度も起こされる日々が数週間続けば、どんな人でも、心身共にぼろぼろになってしまいます。「そのうち楽になるわよ」と言われるかもしれませんが、最近発表された調査結果によると、85パーセントの子供は1歳になっても夜中に目を覚ますと報告されています。赤ちゃんの専門家も答えが見つけだせず、彼ら自身も同じ睡眠不足の日々を経験しているのです。しかし、きっちり決まった始業時間と大量の仕事を抱える普通の親たちは、もっと大変な思いをしているはずです。

赤ちゃんに関連する市場は、いまやビッグビジネスです。本屋さんの書棚を眺めてみてください。何十冊もの「赤ちゃん本」が見つかると思います。しかし睡眠やお食事に関するページをぱらぱらめくると、目にするのは同じようなアドバイスばかりでしょう。「赤ちゃんを揺らしながらお部屋を歩き回ってください」「おっぱいをあげながら眠らせてあげましょう」「スリングに入れて抱っこしてあげましょう」「車でドライブに連れて行ってあげましょう」。毎日何千人もの親たちが似たような方法で赤ちゃんを寝かしつけようとしています。何カ月も、ときには何年もです。そういう親たちは次に『子どもをじょうずに眠らせるには……』というハウツー本に手を出すものです。このような本を読むと、あなたの赤ちゃんが夜にきちんと眠らないのは、寝かせるときに「ねんね」＝「ゆらゆら抱っこ」「おっぱい」「ドライブ」と赤ちゃんに刷り込んでしまったからだと書いてあると思います。

これらの本と私の本が大きく違う理由は何だと思いますか。私はこれまでに何百人もの赤ちゃんと一緒に暮らしながらお世話をしてきました。私の本はナニーとしての長年の経験にもとづいて書かれているのです。他の専門家たちが「子育てをしていれば当たり前」と片づけてしまう授乳や睡眠の問題、そしてその他の数えきれないほどのトラブルに対処するために、赤ちゃんが生まれたその日から役に立つ実践的なアドバイスを与えてきました。

私が編み出した「ジーナ流生活スケジュール」を実践すれば、「お腹がすいた」「疲れている」などのメッセージを読み取って、赤ちゃんがあなたにどうして欲しいのかが手に取るようにわかるようになるでしょう。そしてすべての欲求を満たされたハッピーな赤ちゃんは、だいたい生後6週から10週もすると、夜通し眠るようになる場合が多いのです。私のアドバイスは、赤ちゃんが何をあなたに伝えようとしているのかを理解するための鍵になるはずです。世界中の何百人ものママと赤ちゃんに効果のあった方法です——あなたの赤ちゃんにもきっと効果が現れるはずです。

——ジーナ・フォード

（2002年版より）

■目次

第6章　生後1年間の生活スケジュール・実践編　148

装幀・原真澄／装画・北砂ヒツジ

カリスマ・ナニーが教える
赤ちゃんとおかあさんの快眠講座

第1章　出産前に準備することは？

たいていの母親学級・両親学級では、出産そのものや、赤ちゃんが生まれてからのことについては教えてくれますが、出産前の準備についての実際的なアドバイスはあまりしてくれないようです。それらを知っていれば、出産後のストレスを減らし、無駄な時間を節約することができるでしょう。

出産後1日目から「ジーナ流生活スケジュール」を実践すれば、自分の時間もある程度確保しながら、わが子を満ち足りたハッピーな赤ちゃんにできるでしょう。それでもスケジュール表を見てもらえばわかるように、自由になる時間はほんの少ししかありません（そして、私のスケジュールを実践していないママたちの自由時間はもっと少ないのです）。お手伝いを頼まない限り、この短時間に食事の準備をし、買い物に行き、洗濯もしなければいけません。

出産後の貴重な自由時間を増やすためにも、赤ちゃんが生まれてくる前に次の準備をしておきましょう。

●ベビーベッドなど子ども部屋に必要なものは、時間の余裕を持ってオーダーしておきます。

●寝具類やガーゼ、タオルは、出産後すぐに使えるように、前もって全部洗濯しておきましょう。ベビーベッドはきちんと組み立て、シーツを敷いておきます。病院から家に戻ってきた直後から子ども部屋が使えるように準備しておきましょう。

●必ず使用するベビー用品は多めに用意しておきましょう。ベビーコットン（脱脂綿）、ベビーオイル、おむつ、おむつかぶれ用のクリーム、保湿クリーム、お尻ふき、柔らかいスポンジ、赤ちゃん用のブラシ、バスオイル、シャンプーなどが必要です。

●電池や電源が必要なベビー用品が壊れていないか確認しておきましょう。消毒用グッズや哺乳《ほにゅう》びんの使い方もマスターしておきましょう。

●洗剤やキッチンペーパーやトイレットペーパーなどの日用品を、少なくとも6週間分は買い置きしておきましょう。

●ヘルシーな料理をできるだけつくり置きして、冷凍保存しておきましょう。母乳で育てる場合は、お店で売られているもので添加物や保存料がたっぷり入っているものはできるだけ避けてください。

●いただいたプレゼントへのお礼状を書くためのはがきなども用意しておくといいでしょう。

●母乳の場合は、電動の搾乳機《さくにゅうき》を早めにレンタルしておきましょう。

子ども部屋

ほとんどのパパとママのように、あなたも夜は赤ちゃんと同じ部屋で眠りたいと思うかもしれません。しかし、同じベッドで寝てはいけません。病院から帰ってきたらすぐに子ども部屋を使えるように準備しておくことがとても大事です。3カ月の赤ちゃんが子ども部屋に慣れてくれない、とパニックになったママから電話が頻繁にかかってきます。最初から子ども部屋に寝かしていれば、悩むことも不要な涙を流すこともありません。それなのに、たいていは最初の数週間、赤ちゃんは夕方ごろにチャイルドシートでお昼寝をして、1日の最後の授乳のときにあなたの寝室に連れて行かれ、そこで眠ります。ところがそのあと、見慣れない真っ暗なお部屋に残されて、ひとりで眠るように言われるのです。見捨てられたように思ってもおかしくありません。

最初から、少なくともおむつ替えやお昼寝のときに子ども部屋を使うべきです。お風呂のあとにはそこで授乳をすませ、夜7時から10時までそこで寝かせましょう。夜中の授乳を楽にするために、最後の授乳のあとに親の寝室に連れて行ってもかまいませんが、最初から子ども部屋に慣れさせることで、自分の部屋を「監獄」ではなく「安全な場所」として認識させることができるのです。
赤ちゃんがまだ新生児のあいだは、疲れすぎたり興奮しすぎたりしたときに子ども部屋へ行くと落ち着く場合が多いようです。6週目にもなると、お風呂や就寝のために子ども部屋に連れて行くと、ニコニコしてご機嫌になるはずです。

飾りつけ

子ども部屋の模様替えや家具に大金を使う必要はありません。テディベアの模様でいっぱいの壁や窓や寝具類にはすぐに飽きてしまうものです。例えば子ども用のラッピング・ペーパーをポスター代わりに壁に貼るだけで、部屋がぱっと明るくなりますし、これなら頻繁に貼り替えることもできます。

ベビーベッド

新生児の時期にはベビーベッドは必要ないとか、クーファンの中のほうが赤ちゃんはよく眠るという意見に、私は納得できません。前にも書いたとおり、私は初日からベビーベッドに赤ちゃんを慣らすほうがいいと思います。そうすれば、あとでクーファンが小さくなってからあわてて子ども部屋のベッドで寝かせて、赤ちゃんが慣れずに問題が起こる、ということもありません。

ベビーベッドを選ぶときには、少なくともこの先2〜3年はこれが赤ちゃんのベッドになるのだと念頭におくことが大事です。ベッドで赤ちゃんがぴょんぴょん飛び跳ねても大丈夫な、つくりがしっかりしたものでなければいけません。今は小さな赤ちゃんでも、いつかはベッドの中で動き回るようになるのだということを忘れないように。

ベビーベッドを選ぶ際には、次のポイントをチェックしてください。

● 2〜3段階に高さが調整できるものを選びましょう。
● 手前の柵《さく》（前扉）が開閉式の場合は、大きな音を立てずに開け閉めができるか試してみましょう。
● 赤ちゃんが2歳になっても十分に使える大きさのものを選びましょう。
● 国の安全基準を満たした製品かどうかを確認しましょう。
● 予算が許す限り最高のマットを購入しましょう。ウレタンフォームのマットは数カ月すると真ん中の部分が沈みやすくなります。

ベビーベッドの寝具類

寝具はすべて綿100パーセントのものを選びましょう。赤ちゃんのパジャマと一緒に洗濯することができます。キルト製品や中綿の入った掛け布団は1歳未満の乳児にはおすすめでき

ベビーベッドのメーキング

(a) マットをはずして、掛けシーツとブランケットを、ベビーベッドの底部分に横長に敷いてください

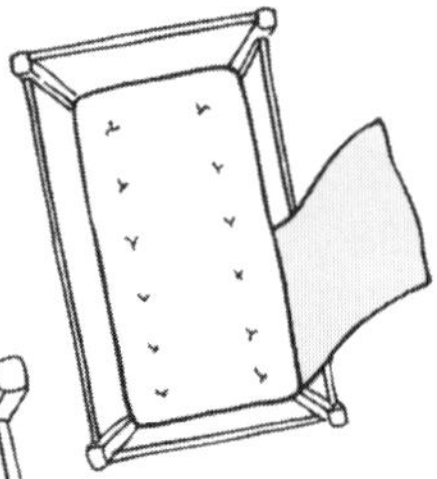

(b) マットを戻し、敷きシーツをかけます

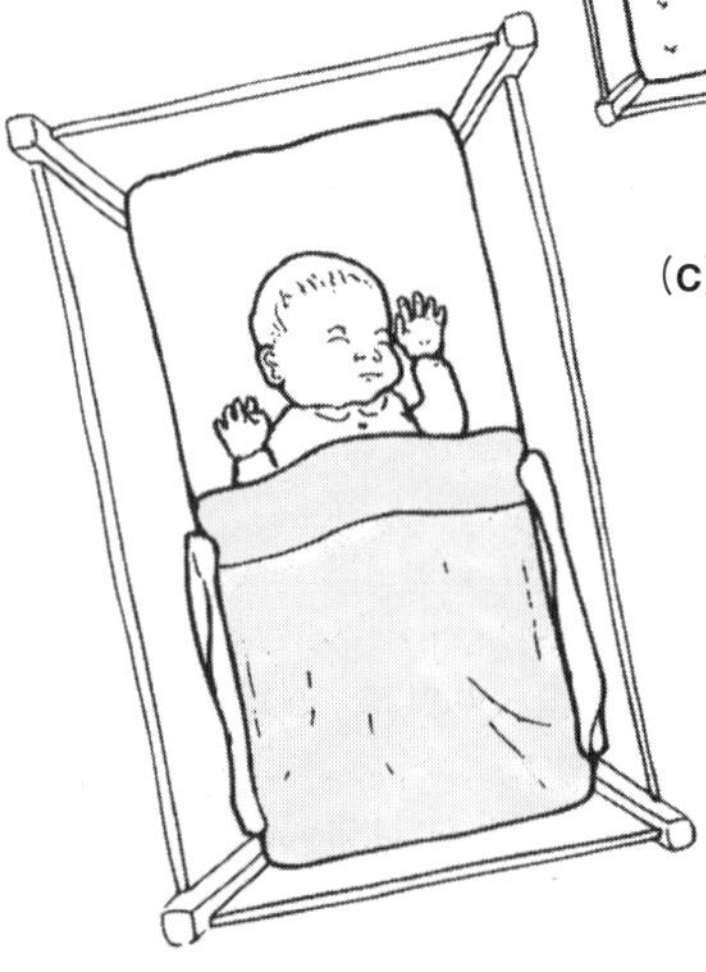

(c) 赤ちゃんの上から掛けシーツとブランケットをかけて、端を少なくとも15センチ分マットの下に挟みこんでください。小さく丸めたタオルをマットと柵の間に詰めます

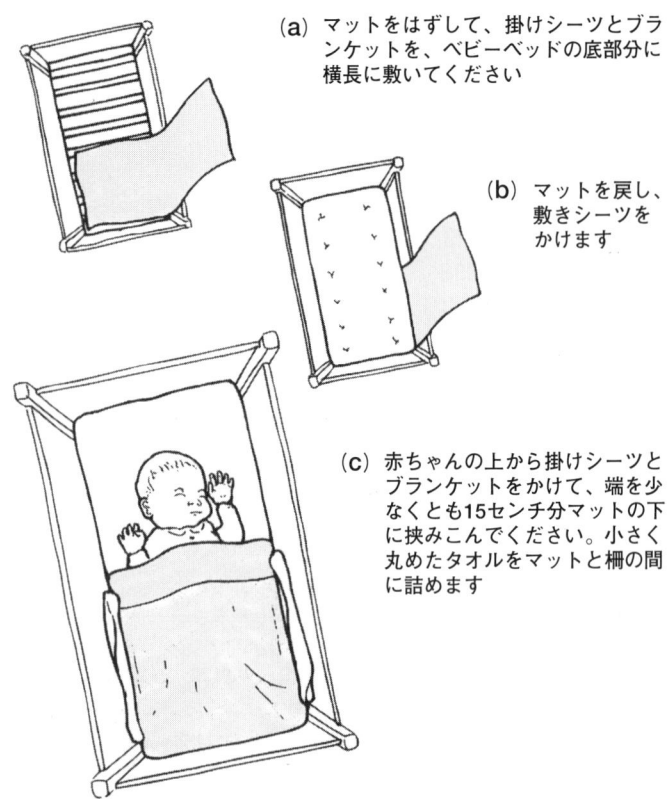

ません。暑すぎたり、窒息する危険性があります。もしもベビーベッドとおそろいの可愛らしい掛け布団が欲しい場合は、綿100パーセントのものを探しましょう。

最低限必要な寝具類は以下のとおりです。

- 伸縮素材の綿のボックスシーツ3枚。
- スムース綿の掛けシーツ3枚。
- 編み目が小さく通気性のよいタオルケット3枚と、寒い夜のための毛布1枚。
- スムース綿の小型シーツ6枚　これは、かご型のベッドやベビーカーにも使えますが、ドローシーツ（引き抜きシーツ）として活用できます。ドローシーツとは、夜中におしっこやよだれでシーツが汚れてしまったときに、一からベッドメーキングをする必要がないように、ベッドの頭側に二重に敷いておくシーツのことです。

イス
どんなに子ども部屋が狭くても、しっかりした座り心地のいいイスは必需品です。背もたれがまっすぐで、赤ちゃんが成長しても窮屈に感じないほど大きさに余裕があり、授乳中に腕を休められるような幅広のアームがついていれば理想的でしょう。

カーテン

カーテンは完全に窓を覆《おお》う長さで遮光効果のあるものでなければいけません。カーテンレールは窓枠の上部にしっかり取り付けるのが重要です。カーテンの端から光が漏れないように、きちんと窓枠を覆いましょう。ほんの少しの光でも、明け方に目を覚ましてしまう赤ちゃんもいます。赤ちゃんが大きくなってくると、早朝に目を覚ました場合に、もう一度眠らせるのはなかなか難しくなってきます。

暗いお部屋で眠らせるのが、よい睡眠習慣を身につけるのにとても重要な条件であるのは間違いありません。明かりを消してカーテンを引いたら、部屋の反対側に誰かがいても見えないくらい暗くなければいけません。暗闇の中では人間の脳内物質が変化して、眠りに備えるようになるとする研究結果もあります。

ベビー用品

ベビーカー

プラム、キャリーコット、ベビーカーを選ぶときには、あなたがどこに住んでいて、どんなライフスタイルで暮らしているかを考えてください。例えば、近くのお店へのお買い物に車で行かなければならない人は、トランクからの出し入れが簡単で折りたたみやすく、重すぎないものがいいでしょう。実際にお店で試してみてください。

人気があるのは多機能ベビーカーで、最初の数カ月はキャリーコットとして使え、その後はベビーカーに切り替えられます。住宅街に住み、近くのお店まで歩いて行ける人にはとてもよい選択です。

ベビーカーを購入するときは、次のガイドラインを参考にしてください。

● 赤ちゃんの肩と腰をしっかりとサポートする頑丈なベルトがついたものを選びましょう。ブレーキの操作も簡単でなければいけません。
● 付属品も一緒に購入しましょう。日よけ、レインカバー、フットウォーマー、振動から頭を守るクッションパッドなどがあります。
● ハンドルの高さが満足のいく位置かどうか確認しましょう。ドア付近や曲がり角で簡単に操作できるかもチェックしましょう。

チャイルドシート
どんなに短い運転時間でも、チャイルドシートは必ず使用しなければいけません。腕に赤ちゃんを抱えて移動しようとは夢にも思わないことです。急ブレーキをかけたり、最悪のケースでは事故にあった場合、赤ちゃんを抱きとめておくことはできません。エアバッグが装備されている車では、前座席にチャイルドシートを取りつけてはいけません。また、自分が購入できる予算内で最高のものを選びましょう。

チャイルドシートを選ぶときのチェックポイントは次のとおりです。

- 事故が起きたときに横方向の衝撃から赤ちゃんの頭を守るサイドクッションが大きいもの。
- 赤ちゃんの洋服の厚みによって調節しやすいように、ベルトをワンタッチで着脱できるもの。
- ベルトは着脱が簡単でなければいけませんが、赤ちゃんが自分ではずしてしまえるほど簡単ではいけません。
- 日よけや頭部を守るサポート用のクッション、取り替え用のカバーなどの付属品もチェックしておきましょう。

ベビーバス
あっという間に赤ちゃんのほうが大きくなって使えなくなってしまうベビーバスは、必需品ではありません。生まれたばかりのころは洗面台で体を洗うこともできますし、小さな赤ちゃんでも使えるバスチェアを使って、普通のお風呂場で沐浴《もくよく》させることもできます。これは、赤ちゃんを寝かせたり座らせたりできる沐浴用のサポートイスで、ママの両手が自由になるため、赤ちゃんの体を安心して洗うことができる便利グッズです。

おむつ替えマット

おむつ替えマットはとても便利なものです。拭き取りが楽なビニール素材で、両端にパッドが入って高くなっているものがおすすめです。新生児のころはマットの上にタオルを敷いておきましょう。小さな赤ちゃんはヒヤリとした感触を嫌います。

ベビーモニター

このベビー用品もたいへん便利です。大きく分けて、コンセントの必要な差し込み式のものと持ち運び自由のものがありますが、私はいつも持ち運びができるものをすすめています。家中自由に移動ができるので、お風呂場のようにコンセントがないところでも使えます。

ベビーモニターを選ぶときには、次の項目をチェックしましょう。

● 音はもちろん、ライトの点滅で泣き声や物音を知らせてくれるものを選びましょう。音量を下げても赤ちゃんが泣いているかどうかが確認できます。

● モニターは無線チャンネルを使って交信しているので、混信したときのためにチャンネルを変更できる機種を選びましょう。

● 低バッテリー状態と圏外のときに表示の出る機能も便利です。

ベビーキャリア、スリング

赤ちゃんとママの体がぴったり密着しながら移動できるベビーキャリアの信奉者もいます。しかし、この方法で赤ちゃんを抱っこするのは背中への負担が大きいので私は使いません。また、生まれたばかりの赤ちゃんは胸の近くに引き寄せて抱っこするだけですぐに眠ってしまいがちなので、1日のうちのある時間帯には赤ちゃんを起こしておき、ふさわしい時間に赤ちゃんがひとりで寝られるようにトレーニングする私のやり方とは相容《あいい》れません。けれど、赤ちゃんがもう少し大きくなったら、スリングはとても便利な道具になるでしょう。特に、前向き抱っこができるくらいに成長したころには最適です。

スリングを試してみたいママは、以下のガイドラインを参考にしてください。

● 簡単にはずれないように、安全に配慮されたものを選びましょう。
● 赤ちゃんの頭と首の部分を十分サポートできるものでなければいけません。新生児用にサポートを強化できる取りはずし可能なクッションがついてくるものもあります。
● 対面抱っこ、前向き抱っこの使い分けができ、赤ちゃんのお尻を包み込んで、背もたれの高さ調節が可能なものがいいでしょう。

● 洗濯が可能な丈夫な生地でできたもの、そしてストラップが肩に食い込まないようにパッドが入ったものが理想的です。

● お店で必ず赤ちゃんを入れて試してみるようにおすすめします。サイズが合わないことも往々にしてあるからです。

ベビーチェア

チャイルドシートを家の中でイス代わりに使う家庭も多いようですが、予算が許せば、家の中専用のイスがあるとたいへん助かります。

ベビーチェアにはいろいろな種類のものがあります。背もたれの角度を変えられ、ゆりかごのように揺らしたり普通のイスのように固定させたりできるものもあります。

ベビーバウンサーと呼ばれる別タイプのベビーチェアもあります。軽量フレームに布カバーがかぶせられ、赤ちゃんの動きに合わせてイスがゆらゆら揺れるようにできています。2カ月以上の赤ちゃんはこれに座らせるとご機嫌になりますが、小さい赤ちゃんだと怖がってしまうこともあるので注意してください。どんなタイプのチェアを選んでも、必ずベルトをしっかりしめましょう。どんなに小さく自分では動けない赤ちゃんでも、イスに座らせたら目を離してはいけません。

どのタイプのものを買うときにも、以下のアドバイスを参考にしてください。

●フレームと脚の部分は頑丈で安定感のあるものでなければいけません。しっかりしたセーフティーベルトも必須です。
●はずすのが簡単で洗濯のしやすいカバーがついたものがいいでしょう。
●赤ちゃんが小さいときのために、ヘッドクッションを一緒に購入しておきましょう。

ベビーサークル

近年は、ベビーサークルというと顔をしかめる赤ちゃんの「専門家」もいます。生まれ持った赤ちゃんの探究心を損ねるというのが理由です。長時間ベビーサークルに入れておくのは考えものですが、料理をしたり、人が来てドアを開けなければいけないときなどにはとても便利です。ベビーサークルを使う気があるのであれば、赤ちゃんがごく小さいころから慣れさせておきましょう。

ストーブやカーテン、電源コードからは離れた場所に設置しましょう。ひも付きのおもちゃも決して柵にひっかけてはいけません。ひもが首にからまって大事故になる危険があります。ベビーサークルを選ぶときに大切なポイントは次のとおりです。

●赤ちゃんがサークルを動かせないように、床にしっかり固定できるものにすること。

●赤ちゃんが怪我《けが》をしないように、先のとがった金属製の留め金やフックが使われていないかチェックしましょう。

●メッシュタイプのサークルを買う場合は、赤ちゃんが小さなおもちゃを押し込もうとしてメッシュに穴が開き、そこに赤ちゃんの手や指がひっかかってしまうことがありますので、メッシュが頑丈かどうかしっかり確認しましょう。

授乳に必要なもの――母乳の場合

授乳用ブラジャー

授乳を楽にするために、ホックやファスナーでカップがはずれる授乳専用のブラジャーがあります。できれば綿製で、胸をしっかりサポートできるように調節可能な幅広のストラップのものを選びましょう。また、サイズの合ったものを選ぶことが重要です。乳首がきつく押しつけられるものは乳管を詰まらせてしまうおそれがあるので避けましょう。

出産前にまず2つ買い、母乳の出がよくなった時点でも具合がよければ、さらに2つ買い足してください。

母乳パッド

授乳するたびに交換する必要があるので、最初の数カ月はたくさん必要です。値段が高めのパッドは吸収性がよい場合が多く、長い目で見ると経済的です。まず1箱買ってみて、そのパッドが気に入れば買い足しましょう。

授乳クッション

授乳クッションとは、赤ちゃんに授乳をするときに高さを調節するために置くクッションです。赤ちゃんが大きくなったときには、背中をしっかり支えてお座りの練習をするのにも使えます。買うなら、取りはずし可能で洗濯できるカバーがついたものを選んでください。

おっぱい専用のお薬

授乳のときに生じる痛みを和らげて、おっぱいのお手入れをするためのクリームやスプレーがあります。けれども、おっぱいをあげているときの痛みは、授乳の姿勢が悪い場合に起こりやすいものです。授乳中に痛みを感じるようであれば、お薬を使う前に、まず助産師さんや母乳の専門家に相談してみてください。赤ちゃんが正しくおっぱいに吸いついているかを確認してもらいましょう。母乳で育てている間は、特別なクリームや石鹸はおすすめできません。真水で1日に2回おっぱいを洗い、授乳のあとに自分のおっぱいを乳首に少し塗りこんで、乾燥させてからしまってください。

電動搾乳機

私がお手伝いをしてきたママのほとんどが母乳育児に成功している理由のひとつは、私が電動搾乳機の使用をすすめているからだと確信しています。赤ちゃんが必要とする量以上のおっぱいを製造している初期のころから、強力な電動搾乳機で朝一番におっぱいを搾乳します。搾乳したおっぱいは冷蔵庫か冷凍庫に保存し、ママのおっぱいの出が悪くなる夕方に使うことができます。この時間になると機嫌が悪くなる赤ちゃんが多く、お風呂のあとの寝かしつけに苦労するのは、このおっぱい不足が大きな原因だと思います。

母乳育児を続けながらも赤ちゃんの生活リズムを素早く確立したいなら、電動搾乳機は大活躍するでしょう。手動の小さな搾乳機では、おっぱいをしぼるのに時間がかかりすぎるために、搾乳をやめてしまうママたちがたくさんいます。

冷凍保存用母乳バッグ

搾乳したおっぱいは、冷蔵庫で24時間、冷凍庫ならば1カ月保存できます。消毒済みの特別な母乳バッグは、おっぱいを保存しておくのに最適です。薬局や大型店のベビー用品売り場で購入できます。

哺乳びん

母乳育児の専門家は、ほとんどの場合哺乳びんを使うのに反対でしょう。搾乳したおっぱいを哺乳びんで与えるのすらだめなようです。赤ちゃんが本物の乳首と哺乳びんの乳首で混乱してママのおっぱいを吸わなくなり、その結果おっぱいの量が減るせいで結局母親が母乳育児をあきらめてしまう、というのが彼らの言い分のようです。私の考えでは、多数のママが母乳育児をやめてしまうのは、赤ちゃんが欲しがる《ディマンド》ときにおっぱいをあげる《フィード》「ディマンド・フィード」（赤ちゃん主導型の授乳。43ページを参照）のせいだと思います。夜中の授乳のために何度も起こされて、参ってしまうのです。

私は、赤ちゃんが生まれた最初の週から、遅くとも4週目までに、搾乳したおっぱいかミルクを哺乳びんで与えるようにアドバイスしています。1日に一度、最後の授乳か夜中の授乳のときにママ以外の人が哺乳びんで授乳をすれば、ママもまとめて4～5時間の睡眠がとれるようになり、母乳育児を乗りきることができます。この方法のせいで赤ちゃんがママのおっぱいを嫌がるという問題を経験したことは一度もありませんが、早い時期に1日に二度以上哺乳びんで授乳していると、このような問題が起きることもあるようです。

赤ちゃんを哺乳びんに慣れさせることの利点としては、ほかに、ママに選択肢が増えて柔軟に対応できるようになる、完全母乳で育てられた赤ちゃんが後々哺乳びんを受けつけないという問題が起こらない、そして、パパが子育てに参加できる素晴らしいチャンスになる、ということが挙げられます。

乳首の穴の小さいものから始めましょう。そうすれば、ママのおっぱいを吸っているときと同じくらい頑張って吸うようになるでしょう。

授乳に必要なもの――ミルクの場合

哺乳びんは広口のものを買うようにおすすめします。完全ミルクで育っている赤ちゃんの場合は、コリック（疝痛《せんつう》）やお腹に入る空気で機嫌が悪くなるのを最小限に抑えることが重要です。コリックに悩まされる赤ちゃんの面倒を頼まれたときは、広口の哺乳びんに変えるだけで症状が改善することがよくありました。

哺乳びんの乳首は素材も柔らかく、赤ちゃんが本物のおっぱいと同じ感覚で吸えるようにできています。とりあえず240mlの哺乳びん5本と120mlのもの3本から様子を見てください。

哺乳びん用の乳首

新生児の飲み方に合わせて、ほとんどの哺乳びんには飲み口の穴が小さい乳首が付いてきます。生後8週までに穴のサイズをMにしたほうが、赤ちゃんがじょうずに飲めるようです。前もって大きめのサイズの乳首も買い置きしておくといいでしょう。

哺乳びん用ブラシ

哺乳びんをいつも清潔に保っておくのはたいへん重要です。びん専用のブラシは、力を入れて洗うことができる、プラスチックで持ち手部分が長いものを選びましょう。

消毒グッズ

母乳であろうとミルクであろうと、すべての哺乳びんと搾乳用の道具はきちんと消毒されていなければいけません。消毒の方法は主に、①大きめの鍋《なべ》で10分ほど煮沸《しゃふつ》消毒する、②消毒液に2時間以上浸《ひた》し熱湯ですすぐ、③スチーム消毒器、の三種類があります。

ボトルウォーマー（電気保温器）

ボトルウォーマーは特に必要ではありません。ミルクを温めたい場合は、熱湯の入ったお鍋に哺乳びんを入れておけばよいだけです。しかし夜6時～6時30分の授乳のときには子ども部屋で授乳をするので役に立つかもしれません。

哺乳びん保温ケース

哺乳びんを保温するためのケースで、外出時や夜の授乳に使えるお役立ちグッズです。すぐに調乳ができます。

新生児の衣類

市場にはさまざまなベビー服が出回っていて、赤ちゃんのお洋服を選ぶのは楽しくもありますが、慎重に取り組むのが賢明です。新生児は驚くほどの速さで大きくなり、最初に買っておいた洋服のほとんどが1カ月ほどで着られなくなってしまいます。最初の1年間で、少なくとも3回は衣類を買い換える必要があるでしょう。

私はいつも赤ちゃんが生まれるまでは必要最低限のもの以外は買わないようにアドバイスしています。おそらく出産祝いとして衣類を何着もいただくことになると思うので、買い物は最小限にとどめておきましょう。

次に挙げるのが、最初の2カ月に必要な基本的な衣類です。赤ちゃんの体がとても大きい場合、もしくは小さい場合に、別のサイズのものに交換してもらえるように、実際に生まれてくるまで包みは開けずにおきましょう。

肌着　6〜8着

パジャマ	4〜6着
カバーオールなどの日常着	4〜6着
カーディガン	2〜3着
防寒着（冬生まれの赤ちゃん用）	1着
靴下	2〜3足
帽子	2個
ミトン	2セット
おくるみ	3枚
ジャケット	1枚

肌着

よほど暑い時期を除いて、新生児は冬も夏も通常おむつの上に肌着を着て過ごします。赤ちゃんの肌に直接触れるものなので、綿100パーセントがベストです。

間違いなくおすすめなのは、いわゆる「ボディスーツ」と呼ばれるものです。半そでで、赤ちゃんの股下《また》のところでボタンを留められるようになっています。首もとの開き具合も調節できて脱ぎ着もさせやすくなっています。

パジャマ

一般的にはカバーオール・タイプのパジャマが多いようですが、ぐっすり寝ている赤ちゃんのおむつを替えるのにボタンと格闘していては、落ち着きません。そのためにドレスタイプの寝巻きを好むママもいます。肌着同様、素材は綿１００パーセントが一番です。デザインはなるべくシンプルなものにしてください。

日常着

最初の数カ月は、カバーオールを着せるのが一番簡単でしょう。なるべく綿１００パーセントのものにし、おむつ替えのたびに全部脱がせなくてもすむように、背中か股部分が開閉できるものにしましょう。オーバーオール・タイプのズボンとTシャツも買っておくと便利です。上下一体になっているものよりも長持ちしますし、よだれが多く汚してしまったときは、上着だけ交換することもできます。月齢が低い赤ちゃんの場合は、柔らかい素材のものを選ぶようにしましょう。

カーディガン

夏生まれの赤ちゃんなら、2着あれば十分ですが、冬生まれの場合は、少なくとも3着あるといいでしょう。素材は夏が綿、冬はウールのものが理想的です。直接肌に触れる部分に綿の肌着を着せていれば、チクチクすることもないはずです。デザインはシンプルなものほどいいでしょう。

靴下

シンプルな綿やウールのソックスが一番実用的でおすすめです。小さなベビー用の靴はとても可愛いらしく見えますが、赤ちゃんの柔らかい骨にダメージを与えることもありますので、やめておいたほうがいいでしょう。

帽子

夏の間は強い日差しから頭や顔を保護するために、つばがついた綿の帽子を必ず購入しましょう。首の後ろ側もカバーできるように、つばが帽子全体についているものが理想的です。春や秋には肌寒い日にも使えるように綿ニットの帽子があってもいいですね。冬や寒い日には、良質なウールのキャップが望ましいでしょう。赤ちゃんが敏感肌の場合は、薄手の綿素材の帽子をその下にかぶらせてあげてください。

ミトン（手袋）

近くにあるものは何でも触って触感で確認する赤ちゃんは、手を覆われるのが好きではあり

赤ちゃんのくるみ方

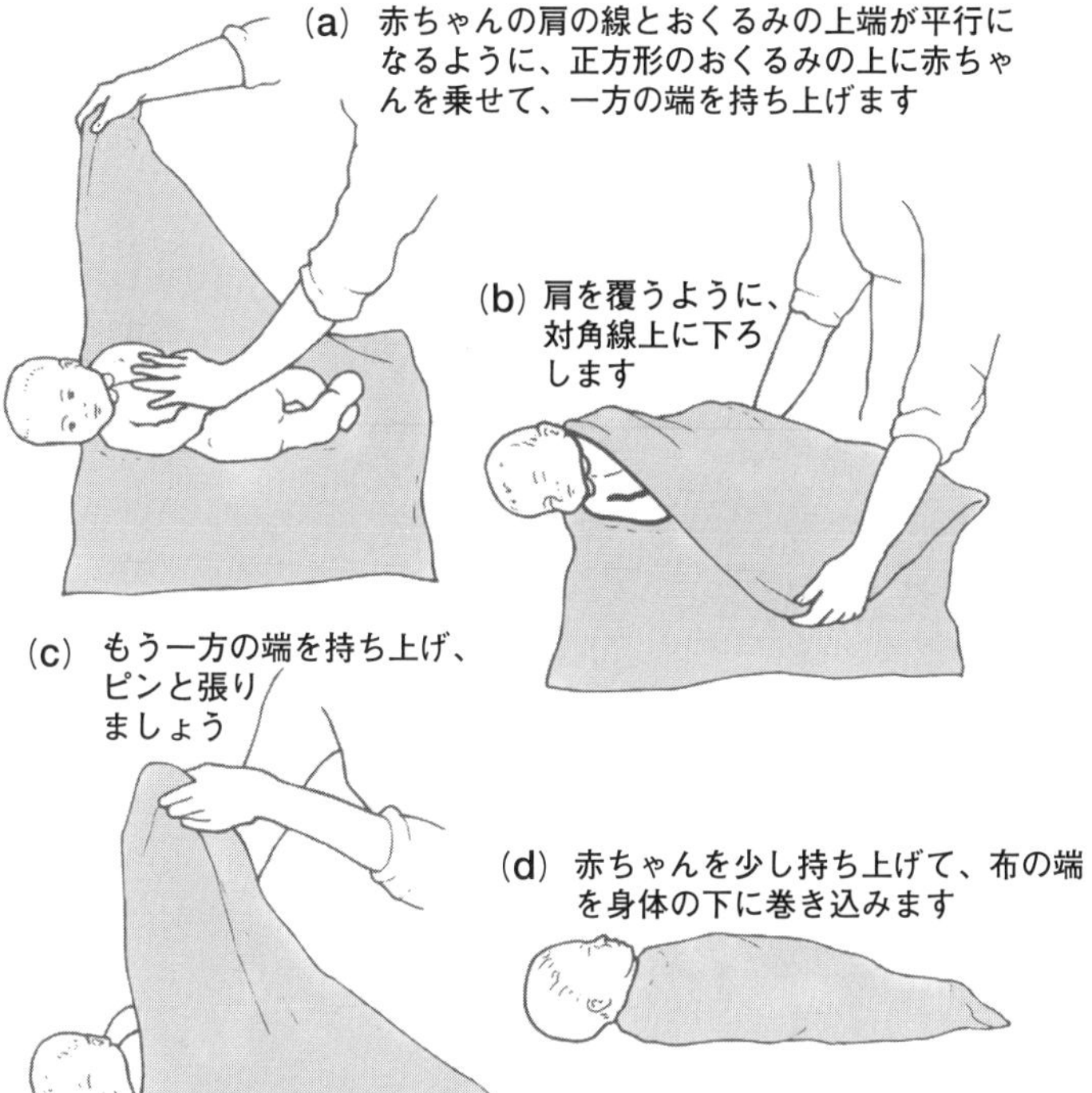
(a) 赤ちゃんの肩の線とおくるみの上端が平行になるように、正方形のおくるみの上に赤ちゃんを乗せて、一方の端を持ち上げます
(b) 肩を覆うように、対角線上に下ろします
(c) もう一方の端を持ち上げ、ピンと張りましょう
(d) 赤ちゃんを少し持ち上げて、布の端を身体の下に巻き込みます

けれど、赤ちゃんの爪が伸びていて、ひっかきやすい場合は、良質の綿素材のミトンを試してみてください。寒い季節にはシンプルなウールかフリースのミトンを用意し、敏感肌の赤ちゃんの場合は綿のミトンをその下にはめてあげましょう。

アフガン・おくるみ

生後最初の数週間は、どんな赤ちゃんも体を布でくるまれていたほうがよく眠るのは間違いありません。ブランケットでもおくるみでも何を使ってもいいのですが、素材は軽くて多少伸縮性のある綿100パーセントのものにしてください。赤ちゃんをくるむときは、暖めすぎることのないように、おくるみを2枚重ねにしないように気をつけましょう。眠る前の赤ちゃんをくるむ場合は、上にかけるブランケットの数を1枚減らすのを忘れないようにしてください（くるみ方は前ページの図を参照）。

生後6週間ごろまでには、両腕を布で覆わず脇の下からくるむ「半ぐるみ」に慣れさせるのが重要です。乳幼児突然死症候群は生後2～4カ月の間にピークを迎えるうえに、赤ちゃんの暖めすぎが主要な原因のひとつだと言われています。赤ちゃんに上掛けをかけすぎていないか常に確認し、室温が高すぎないように注意してください。16～20度が理想的です（乳幼児突然死の研究機関が推奨《すいしょう》する温度設定です）。

防寒着

冬生まれの赤ちゃんに防寒着を選ぶときは、少し大きくなっても着られるように、2サイズ大きめのものを買いましょう。フードの周りにファーがついていたり、ボタンがぶら下がっているようなものは避け、手入れが簡単で洗いやすい素材のものを選んでください。小さな赤ちゃん用には、ファスナーよりも、パチンと留められるボタン付きのものが好ましいようです。ファスナーが赤ちゃんのあごを挟んでしまうことがよくあります。

ジャケット

軽いジャケットは、何月生まれの子どもにも役に立つ便利なお洋服です。夏は肌寒い日に軽く羽織れますし、冬は暖かめの日に着せることができます。防寒着同様、シンプルなデザインでお洗濯できる素材のものを選んでください。

第2章　なぜ赤ちゃんに生活スケジュールが必要なの？

私が1999年に出した最初の本で、「赤ちゃんには生活スケジュールが必要だ」と書いたことが大きな論争を巻き起こしましたが、私の意見はその後何ひとつ変わっていません。大多数の赤ちゃんは、スケジュールに沿って生活したほうが元気で機嫌よく過ごせると信じています。ここで再び、なぜスケジュールが重要なのかを説明しようと思います。

「ジーナ流生活スケジュール」を使って、世界中の何十万ものパパやママたちが成功を収めてきました。あなたと赤ちゃんにとって何が一番いいか、親としての直感を頼りに判断し、あなたが望む親になるための手段として、この本のスケジュールやアドバイスを活用してください。

ジーナ流生活スケジュールがうまくいく理由は？

私がマタニティナース（訳注：出産後住み込みでママと赤ちゃんのお世話をする特別なトレーニングを受けたナニー）として働いていたときは、何百冊にものぼる子育て本も読みましたが、世界中に散らばる三百以上の家庭で働けたことこそが、何にも代えがたい特別な経験でした。そして、その家族と可愛らしい赤ちゃんたちのおかげで、私が学んだたくさんのことをみなさんにもお伝えして、子育てのヒントとして役立てていただけるのではないかと思うのです。

マタニティナースの仕事は、出産の数日後に始まります。家庭に住み込み、1日24時間、週7日間を家族と過ごします。期間は3～5日間のこともありますし、ときには数週間から6カ月に及ぶこともありました。私がお手伝いをした家庭には、20部屋もあるお屋敷もあれば1LDKのアパートもあり、職業も、ロックスター、売れない俳優、有名な銀行家、教師などさまざまでしたが、すべての親にひとつの共通点がありました――赤ちゃんの幸せを願い、どんな要求にも応えながら、毎日の子育てに悪戦苦闘していました。

その当時流行《はや》っていた子育て本はすべて赤ちゃん主導の育児を支持し、小さな赤ちゃんをスケジュールに当てはめて育てるのは不可能だと断言していました。試そうとするだけでも赤ちゃんの健康を深刻に害する結果になる、とほのめかしていたのです。

最初に出版した本の中で私はこう書いています。「幸せで元気いっぱいの満ち足りた子にするために、生まれたばかりの赤ちゃんに一定の生活リズムを身につけさせるにはどうすればいいか――私はその方法をさまざまな家庭で何年も指導し、成功させてきました。（他の子育て本の）筆者たちは、実際に赤ちゃんと十分に接したことがないせいで、それが可能だとわかっていないだけなのです」。この、一九九九年に出版された本書の初版は、口コミで広がってベストセラーになりました。その事実が、私のメッセージが正しかったことを証明してくれているのではないでしょうか。

この本で説明するスケジュールを定着させるのは大変なときもありますし、親は犠牲にしなければいけないこともたくさんありますが、世界中の何十万ものパパとママが、それだけの苦労の価値はあると保証してくれるでしょう。赤ちゃんが何をしてほしいかを即座に理解し、応えることができるようになるため、赤ちゃんの涙も最小限に抑えることができるのです。

赤ちゃんにとっての利点

「ジーナ流生活スケジュール」は、健康で標準的な赤ちゃんの持つ睡眠や食事に対する自然なニーズに応えるためにつくられました。また、他の子よりも長めに眠る必要のある赤ちゃんもいれば、授乳間隔があいても大丈夫な子もいるという点も考慮されています。

このスケジュールの目的は、授乳をせずに赤ちゃんを夜通し眠らせることではなく、日中の授乳や睡眠の時間を管理することで、赤ちゃんが夜中に目を覚ますのを最小限に抑えることなのです。たとえ赤ちゃんが目を覚ましても、おっぱいを飲んだらコトンと眠りに戻るようになるはずです。また、赤ちゃんの授乳間隔が延びてきたら、長時間眠るのは日中ではなく夜中になるように組み立てられています。

このスケジュールの基本は、お世話を手伝ってきた赤ちゃんたちと何年も間近で接しながら、少しずつ修正されてできたものです。ほとんど助けを必要とせずに授乳のパターンをすぐに自分のものにする赤ちゃんもいれば、何週間もかかってやっと落ち着く赤ちゃんもいます。

瞬《また》く間に授乳リズムが安定する赤ちゃんには、次のような特徴があることに気がつきました。

● パパとママがスケジュールに関心があり、前向きな姿勢で取り組むことができる。また、最初の数週間はできるだけ穏やかに過ごしている。

● 赤ちゃんが新しい環境でゆったりと安心して暮らせるように、お客さまが赤ちゃんを抱っこするのはできるだけ控えてもらう（病院から退院したばかりの時期には特に気をつけてください）。

● 午後7時から午前7時の間は、赤ちゃんをいつも同じ場所（暗くした寝室や子ども部屋）に寝かせている。ランチタイムのお昼寝も、可能なときは同じ場所で寝かせている。

● 昼間の授乳のあとは赤ちゃんがすぐに眠ってしまわないように、しばらくの間は目を覚ましておく。

● 赤ちゃんは、お腹がいっぱいでげっぷも出たら、少しの間遊んで刺激を受けている。

●生後1日目から、就寝時の流れを習慣づけている。毎晩同じ時間にお風呂に入れて、その後授乳。そして明かりを消した部屋で寝かす。もしも赤ちゃんがうまく寝つかない場合は、薄暗い部屋でできるだけ物音を立てないようにして、赤ちゃんが最終的に寝つくまでなだめて安心させてあげる。

ママにとっての利点

どんな親でも赤ちゃんの泣き声を聞いているのは、もっともストレスのたまることのひとつでしょう。特にしばらくの間泣きやまず、赤ちゃんをなだめようにも何をしてもうまくいかないときはなおさらです。「ジーナ流生活スケジュール」に取り組めば、お腹がすいているのか、疲れているのか、退屈しているのか、またはその他の理由で泣いているのかがすぐにわかるようになります。赤ちゃんが何をしてほしいのかを判断し、その要求に自信を持ってすぐに応えてあげれば、あなたと赤ちゃんの両方が穏やかに安心して暮らすことができます。「気難しい赤ちゃんと疲れきったママ」というよくあるパターンを回避できるのです。

私のスケジュールを活用すれば、パパとママにはもうひとつ大きな利点があります。夜はのんびりと二人きりの時間を楽しむことができるのです。これは「ディマンド・フィード」の赤ちゃんであれば通常不可能です。というのも、どの子育て用のウェブサイトにも書かれているように、赤ちゃんは夕方から夜にかけて特に機嫌が悪くなることが多く、ゆらゆら抱っこをしたり、背中を優しくトントン叩いたりと、その時間帯に絶え間なく手をかける必要があるからです。

赤ちゃん主導の授乳方法「ディマンド・フィード」と比較して

この本の中のスケジュールとアドバイスは、何年もかけて編み出されたものです。私のスケジュールがなぜこれほど効果があるのかをさらに説明する前に、「ディマンド・フィード」について簡単に話しておこうと思います。

「ディマンド・フィード」の問題点

私がマタニティナースとして働き始めたばかりのころは、赤ちゃんが欲しがるときに欲しがるだけおっぱいを飲ませる「ディマンド・フィード」という方法が一般的でした。

その当時のアドバイスは今も受け継がれているようで、赤ちゃんの欲しがるままにおっぱいをあげる方法が推奨されています。この方法でもうまくいくことはあるでしょうが、私が見てきた何百人もの赤ちゃんは違いました。仕事を始めてすぐに気づいたのは、生まれたばかりの赤ちゃんは多くの場合、自分からおっぱいを欲しがるわけではないということです。これは特に低出生体重の赤ちゃんや双子ちゃんの場合に当てはまるようです。私がディマンド・フィードに反対なのはこれが大きな理由です。生まれてたった数日の赤ちゃんが、十分な授乳を受けていなかったせいで深刻な脱水症状を起こし、命を懸けて戦っているのを見守ったことのある人ならば、私と同じ意見のはずです。新生児にとって脱水症状はたいへん深刻な問題なのです。

母乳は需要と供給の原則に基づいて製造されます。ですから、授乳と授乳の間に赤ちゃんを長く寝かせすぎると、1日の授乳回数が足りないせいで、もっと母乳をつくるようにママのおっぱいに命令を伝えるためのシグナルを頻繁に発信することができなくなってしまうのです。そして赤ちゃんは手のかからない、よく眠る子だとママが誤った安心感を持ってしまいます。

しかし実のところ、今は眠ってばかりの赤ちゃんでも、2～3週間もするともっと頻繁に目を覚ますようになって、ママが製造している母乳の量以上におっぱいを欲しがるようになります。そうなると、赤ちゃんが必要とする量を満たすために、昼夜を問わず2時間おきに授乳をしなければいけなくなるのです。

昨今でも、「そういう授乳間隔は普通のことで、赤ちゃんも自然と自分なりの授乳リズムをつくりあげますよ」とアドバイスを受けると思いますが、それには何カ月もかかる赤ちゃんもいるということは知らされていないのです！

たまに授乳間隔があく赤ちゃんもいますが、それも赤ちゃんが夜中に飲む量が多すぎるせいで、昼間にお腹をすかせて目を覚ましても、それほど飲む必要がないというだけなのです。こうなると、日中の授乳量が足りていないために、1日の必要摂取量を満たそうと夜中に飲む量がまた増える、という悪循環に陥ってしまいます。一晩に何度も授乳のために起きなければいけないママは体力を消耗して、日中も十分体を休めることができません。こうしてママに疲れがたまると、次のような問題が起きる場合があるのです。

● 疲労とストレスが原因でお乳の出が悪くなってしまうために、少量ずつ頻繁に授乳をする必要が増えてしまう。
● 生後1週間を過ぎても、1日に10〜12回の授乳を続けている赤ちゃんは、睡眠不足のせいで起きているときも疲れているため、授乳の時間もどんどん短くなってしまう。
● 疲労のせいで、ママが授乳のときに赤ちゃんを正しく抱きかかえることになかなか集中できない。
● 乳首が痛んだり、頻繁に傷ついて出血したりするのは、赤ちゃんの抱きかかえ方に原因があることが多いため、結局じょうずにおっぱいが吸えていないことになる。
● 眠るのが大好きな赤ちゃんの場合は、最初のうち授乳の間隔が長くあきすぎて、胸を刺激して母乳の出をよくする機会を逃してしまう。

私が「ディマンド（要求に応じて）・フィード（授乳する）」という呼び方に反対しているも

うひとつの理由は、用語が文字どおりにとられすぎているからです。赤ちゃんが泣くたびに授乳をし、「空腹」以外に赤ちゃんが泣いている理由（例えば「興奮しすぎ」や「疲れすぎ」など）を考えてみるようには教えられていないのです。

もちろん赤ちゃんがお腹をすかせていれば授乳をしなければいけません。本当にお腹がすいている赤ちゃんを泣かせたままにしておいたり、無理にスケジュールどおりに進めようとしたりしないでください。しかし私の経験や、睡眠トラブルを扱ったイギリスの研究発表が正しければ、ディマンド・フィードで育つ膨大な数の赤ちゃんは、何カ月かたてば何もしなくても健康的な睡眠パターンを身につけるわけではありません。長時間眠ってもおかしくないはずの時期が来ても、何度もおっぱいを欲しがってはちょっとずつ飲むせいで、夜中に目を覚まし続ける赤ちゃんも多いのです。

もうひとつの問題は、少量・頻繁授乳で育っている赤ちゃんは、いつもおっぱいを飲みながら眠ってしまうことです。このせいで、また別の新たな問題が生じます。つまり、赤ちゃんに寝かしつけの悪い癖がついてしまい、おっぱいを飲みながらでないと寝つけなくなってしまうのです。

赤ちゃんが何カ月であっても、まず生後1年間の授乳と睡眠について書かれた第3章と第4章を必ず読んで、理解してからスケジュールを始めるようにしてください。「ジーナ流生活スケジュール」は、第6章に書かれているスケジュールを見て、その時間どおりに赤ちゃんにおっぱいをあげて眠らせればよいというわけではありません。スケジュールは1年で8回も修正されます。それぞれのスケジュールで指定されている授乳と睡眠の時間は、赤ちゃんの月齢に合わせたおおよその目安であって、変更不可能な鉄則というわけではありません。それぞれの赤ちゃんの個々のニーズに合わせてママが微調整をすることができるように、スケジュールの大原則を理解する必要があるのです。

スケジュールに関するQ＆A

Q　現在妊娠6カ月です。母親学級では、赤ちゃんが欲しがるときにおっぱいをあげるべきで、最初のうちはスケジュールに当てはめてはいけないと言われました。決まったスケジュールに従うのでは、赤ちゃんが本当にお腹をすかせているときに放っておくことになるのではないかと心配です。

A　私の生活スケジュールは、赤ちゃんがお腹をすかせているのにおっぱいを飲ませないようなものではありません。それどころかその反対です。赤ちゃんがまだとても小さなときにディマンド・フィードで育てていると、一番心配なことは、生まれたばかりのころは自分からおっぱいを飲みたがらない赤ちゃんが非常に多くいるという点なのです。これはたくさんの深刻な問題に発展する可能性があります。主なものとしては、赤ちゃんがママの胸から（十分な頻度で）おっぱいを飲んでいないせいで、母乳の出をよくするために胸を刺激することができないという問題があります。結果として、3～4週間後に赤ちゃんにおっぱいをあげようとしても、母乳の量が十分でないという事態が起きてしまうのです。

最初のうちは、赤ちゃんが泣いていれば、お腹がすいているせいだと判断しておっぱいをあげるように私もアドバイスしています。しかし、赤ちゃんが泣きやまずにずっと機嫌が悪ければ、授乳間隔がなぜ3時間持たないのか、その理由を考えてみるべきでしょう。赤ちゃんのおっぱいのくわえ方が間違っているケースも多く、1時間近くおっぱいを吸い続けているように見えても、実はそのほとんどの時間はお乳をあまり飲めていないということもあるのです。ですから、母乳育ちの赤ちゃんで授乳後の機嫌のいい状態が2～3時間続かない場合は、経験豊富な母乳育児の専門家からアドバイスを受けるようにしてください。出生時の体重が2700グラムを超える健康な赤ちゃんで、授乳のたびにしっかり必要な量を飲んでいれば、授乳の間隔が3時間あいても大丈夫なはずなのです（この3時間は、授乳の開始時間から次の授乳の開始時間という意味です）。

Q　生まれたばかりの赤ちゃんを授乳のために起こす必要が本当にあるんでしょうか。赤ちゃんはいつも眠たそうですし、そのまま寝かせておいてあげたほうがいいような気がするのですが。

A　お気持ちはよくわかりますし、昼間赤ちゃんが眠っているときに、たまっている産後の疲れを癒《いや》したくなるのも当然です。しかし赤ちゃんがそれほどよく眠るのは、最初の数週間という短い間のことだけで、その後は目を覚ましている時間が長くなり、ママや他の人と遊びたがるようになると思います。また、昼夜のちがいがまだわかっていませんので、徐々に生活スケジュールに慣れさせない限り、赤ちゃんが朝の4時にパッチリ目を覚ましてゲームをしたがるといった状況にもなりかねません。ですから、質問の答えはイエスです。おっぱいの出をよくするためにも、十分胸に刺激を与えることができるように、赤ちゃんは最初の1週目でも必ず2〜3時間おきに起こすことが重要なのです。昼間は3時間おきに赤ちゃんを起こしていれば、深夜12時から午前6時の間に目を覚ますのが一度だけになる可能性が高くなります。十分な休養をとってリラックスしているママは、疲れてストレスがたまっているママよりも、お乳の出もよいことが多いのです。長い目で見れば、生活リズムをきちんと整えたほうが、ママにも赤ちゃんにも利点が多いでしょう。

Q　最初の6カ月間は、赤ちゃんは両親と同じ部屋で眠るのがいいというのが昨今のアドバイスのようです。でもジーナさんは生まれたときから赤ちゃんは自分の寝室で眠るべきだとの意見です。暗い部屋で何時間もひとりにされたら、赤ちゃんが寂しい思いをするのではないでしょうか。

A　なるべく早い時期から自分のお部屋で寝かすようにしていれば、赤ちゃんが両親の寝室で眠るのに慣れてしまったせいで、後々ひとりで寝るのを嫌がったり不安に思ったりすることもありません。２歳の子どもがなかなか親のベッドから出て行ってくれないと苦労しているパパとママの話はみなさんも耳にしたことがあるのではないでしょうか。赤ちゃんと一緒に眠るのはかまわないと思っているかもしれませんが、それが自分のためか、それとも赤ちゃんのためか、自分に問いかけてみてください。

おむつの交換やお昼寝に子ども部屋を使うことで、お部屋を赤ちゃんにとってなじみのある、安心できる場所にすることができます。就寝時の寝かしつけが定着すれば、お部屋に連れて行くと安心して機嫌がよくなるはずです。午後7時にお部屋のベビーベッドで寝かしつけて、午後10時にもそこでおっぱいをあげます。その後夜中の授乳のために両親のお部屋に連れて行くこともできるでしょう。

新米ママへの私からのアドバイスですが、赤ちゃんのためにも、お昼寝はできるだけ暗く静かなお部屋でさせてあげてください。騒がしいところでもすやすや眠れる赤ちゃんもいますが、そうではない子もいるのです。質の高い睡眠がとれていないと、赤ちゃんはストレスがたまり疲れてしまいます。また、落ち着いて眠ったあとに、家の中でもにぎやかで遊ぶことのできる場所に連れて行けば、起きている時間と眠る時間の違いをしっかり学んでもらえるでしょう。

Q　ジーナさんは赤ちゃんを抱っこするべきではないと主張していると聞いたのですが、本当でしょうか。赤ちゃんが安心できるように、抱っこ等の愛情表現をしっかりする必要があると書いてある本もありますが。

A　赤ちゃんに体で愛情を伝えることの重要性は、私も常に強調してきました。しかし、抱っこ等の愛情表現は、パパやママよりもまず赤ちゃんの気持ちを満たしてあげるためのものであることを忘れないでください。そして極めて重要な点ですが、「赤ちゃんを抱きしめる」のと、「赤ちゃんを抱っこで寝かしつける」のには大きな違いがあるのです。赤ちゃんが抱っこでの寝かしつけに慣れてしまうと、それがないと眠れなくなってしまいます。その習慣もいつかは断ち切らなければならないのです。自分で眠りにつくのに慣れてもらうには、赤ちゃんが3カ月や3歳のころよりも、3週間のころのほうがずっと楽なのです。

Q　赤ちゃんが生まれたらスケジュールを実践するつもりなのですが、長い間泣かせたままにはしておきたくありません。どうすればよいでしょう。

A　赤ちゃんを眠らせるために長時間泣かせっぱなしにするように、とは決して言いません。確かに、眠るのに泣いて抵抗する赤ちゃんには、5〜10分ほどひとりで落ち着くための時間をあげるようにアドバイスします。けれどそれ以上赤ちゃんを放っておいてはいけません。もう一度様子をチェックしに行きましょう。赤ちゃんのお腹がすいていたり、げっぷがしたいという場合には、ほんの2～3分でも泣かせておいてはいけません。

赤ちゃんをベッドに寝かせたあとは部屋から出て、たとえ泣いても一定時間放っておく、という方法は、実は6カ月から1歳以上の赤ちゃんで、ディマンド・フィードや抱っこでの寝かしつけが原因で間違った癖がついてしまったために一晩に何度も目を覚ます赤ちゃんに対しては、使うことをすすめています。保育の専門家や小児科医にも長年使われている方法です。

睡眠トレーニングはどんな手法のものでも、月齢の高い赤ちゃんが夜眠れるようにするための最終手段であり、赤ちゃんが目を覚ましている理由が空腹のせいではないと100パーセント確信が持てる場合にのみ使われます。また始める前には、医学的な問題がないかをチェックするために小児科医の診断を仰いでください。

私の唱える生活スケジュールの核心は、たとえわずかな時間でも赤ちゃんが泣かなくてもすむように、先読みして赤ちゃんのニーズを満たすことなのです。赤ちゃんがかなり小さいころからスケジュールを実践していれば、ママは赤ちゃんが何を欲しがっているのかすぐに理解できるようになり、結果として要求を予測することもできるようになります。そうなれば、赤ちゃんが泣くことはほとんどなくなります。私の経験では、1日5～10分程度でしょう。

Q　スケジュールには、赤ちゃんが12週を過ぎたら夜中の授乳をするべきではないと書かれていますが、赤ちゃんはそれぞれ違いますし、お腹がすいているのであれば、おっぱいをあげずに朝まで押し通すというようなことをするべきではないと思うのですが。

A　5～6カ月になるまでは、夜中に一度は授乳する必要がある赤ちゃんもいます。特に母乳育ちの赤ちゃんの場合はそうです。私がお世話を手伝った赤ちゃんは、だいたい2カ月から3カ月になると1日の最後の授乳時間である午後11時から、翌朝6～7時くらいまで眠る場合が大半でした。読者の方々からいただいた膨大な数の反響を読むと、スケジュールを実践している赤ちゃんは平均してこれくらいの月齢になると夜中に長時間眠り始めるようです。もちろん赤ちゃんにはそれぞれ個性があるので、7カ月を過ぎた赤ちゃんが夜通し眠っていなくても、「どうして私の赤ちゃんだけうまくいかないのかしら」と引け目を感じるのはやめてください。私のスケジュールは、毎日の暮らしの生活リズムを整えるお手伝いをするためのものです。赤ちゃんの準備が整ったときに、それまでの苦労も報われるはずです。

赤ちゃんがどれくらい早く夜通し眠るようになるかは、赤ちゃんの体重と日中に飲めるおっぱい（ミルク）の量によってほぼ決まります。1回の授乳でほんの少ししか飲めない赤ちゃんは、もちろんたくさん飲める赤ちゃんより長い期間夜中の授乳が必要でしょう。私のスケジュールの目的は、赤ちゃんが夜通し眠るように無理強いすることでも、お腹をすかせている赤ちゃんにおっぱいをあげないことでもありません。赤ちゃんが心身ともに夜通し眠る準備ができたときに自然にそうなるように、必要な栄養分のほとんどを確実に昼間に摂取できるようにお手伝いしてあげることなのです。これまでにいただいた読者の方々からの反応や、赤ちゃんのお世話をしてきた私の長年の経験からも、このやり方で効果が現れることは裏付けられています。

Q　子育てサイトのチャットルームの、ある書き込みによれば、ジーナさんのスケジュールを実践していると、出かけたり、他のママ友だちに会ったりする時間がないため、とても寂しくて落ち込みがちになるそうですが。

A　赤ちゃんにスケジュールを守らせるのは、最初の数週間は特に大変です。しかし赤ちゃんが2～3カ月になれば、昼間長い間目を覚まし、夜中は長時間眠るという生活リズムが通常できあがっています。確かに最初の2～3週間はお出かけもままならないというのは理解できますが、その時期が過ぎれば午後2時から5時の間にお友だちに会ったり、午前中にコーヒーを飲みに行ったりすることもできますし、ママも赤ちゃんもいったんコツをつかめば、スケジュールをママの都合に合わせることもできるようになります。最初は大変でも、夜中はぐっすり眠り、昼間は元気よく遊ぶ赤ちゃんに育つのですから、最終的には苦労も報われたと、ママたちは口をそろえて言っています。

最初のうちは、寂しくなったり取り残されたような気持ちになったりしないように、1日おきくらいにお友だちや親戚に遊びに来てもらってはどうでしょう。新鮮な空気を吸って気分転換をするためにも、毎日お散歩に出かけるのもとても重要です。公園でおしゃべりをするのは、他のママ友だちと出会うのにもいい方法です。

Q　スケジュールの中に、ママの食事時間まで指定してあります。あまりにきっちりしすぎていて、やる気が失せてしまいます。

A　お食事は、どうぞ好きな時間に食べてください！　最初のうちはママの疲れもピークに達しているために、食べることや飲むことといった基本的なことも含めて、自分自身のための用事は優先順位が一番下になってしまいます。母乳をあげているママであれば、十分な量のお乳をつくり、元気を保つためにも、規則正しい食事を心がけ、たくさん水分をとる必要がありま す。朝食やランチの時間、それにお水をしっかり飲むようにすすめている部分を読んで、自分の体のことも思い出していたわってあげてほしいのです。

Q　どうしてスケジュールはこれほど時間がきっちり決まっているのでしょうか。ところどころで30分ほどずれが出ても、それほど違いはないと思うのですが。

A　この本には、生後1週目から1年目が終わるころまでをカバーする9通りのスケジュールが載っています。赤ちゃんの成長と変化に合わせて入念に修正されているのです。最初の3カ月の間には、赤ちゃんが昼間に必要とする睡眠の量も徐々に減ってきて、目を覚ましてママと遊んでいるのが楽しくなってきます。日中は赤ちゃんに刺激や遊びの時間も必要ですし、時期が来れば離乳食も始めなければいけません。1年を通して、睡眠と授乳に関する赤ちゃんのニーズも絶えず変化していきます。スケジュールが細かいのは、そのような変化に対して段階的な修正を行えるようにするためなのです。

私のスケジュールは、赤ちゃんの自然な体内リズムをもとにして組み立てられています。分刻みでスケジュールの時間を厳守する必要はありませんが、30分のずれが生じると、ドミノのようにその日の残りのスケジュールが狂ってきます。例えば、スケジュールを午前7時ではなく8時近くに始めると、お昼寝も同じだけ遅く始めることになり、正午前後になります。そのまま3時過ぎまで赤ちゃんがお昼寝をしていると、午後7時の就寝のころにはまだ眠くなっていないせいで、寝かしつけるのが大変になってしまうのです。また、1日の最後の授乳が午後8時近くになると、そのせいで午後10時におっぱいを欲しがらなくなり、結局赤ちゃんが夜中に目を覚ましてしまいかねません。これがたまのことなら大した問題にはなりませんが、長い間続いたり、赤ちゃんが必要とする栄養量が増えてくると、夜中に目を覚ますのが習慣になってしまうこともあります。そうなるとママにも疲れがたまり始めて、子育てを楽しめなくなってしまうのです。

Q　4週間ほどスケジュールを試していますが、娘はまったくなじむことができないようです。私はまるで母親失格のような気になっています。もうあきらめて、娘が欲しがるときにおっぱいをあげて寝かせてしまってもいいでしょうか。

A　最初のうちは大変なこともありますので、赤ちゃんがやりたいようにやらせたほうが楽だと思ってしまうママがたくさんいるのもわかります。しかし、あなたは出産後すぐの体だということを忘れないでください。スケジュールがあろうとなかろうと、赤ちゃんの面倒をみるということは、大変な重労働なのです。私のスケジュールは、そのつらい時期をできるだけ短い期間ですむようにするためのものです。赤ちゃんが9カ月になってもまだ夜中に目を覚ましていたら、どれほど大変かを想像してみてください。粘り強く続ければ、決して苦労は無駄にならないことを保証します。

必ずしも瞬《また》く間に成果が現れるわけではありませんが、早いうちからスケジュールを続けていれば、結果的には赤ちゃんにとってもママにとっても楽しい赤ちゃん時代と幼児期を送れるようになります。赤ちゃんがスケジュールになじむころには（それほど時間はかかりません）、最初の数週間の努力を後悔することは決してありません。私のスケジュールは、赤ちゃん自身が本来持つ生活パターンやリズムを目に見える形にしたものであり、ママと赤ちゃんがその流れをつかむのをお手伝いするためのものです。赤ちゃんがなかなかなじまなくても、あなたが「ダメなママ」なわけではありません。とにかく続けて、先のことは考えず、その日その日をこなしていきましょう。同じことを経験してきたおばあちゃんや子育て中のママたちが言うように、最初の数カ月はとても早く過ぎてしまうものです。

1日は毎日午前7時にスタートして、その日のスケジュールを守るように頑張りましょう。赤ちゃんがお昼寝の時間になると目が冴えて、遊びの時間になると眠くなり、お昼ごろにはスケジュールがめちゃくちゃになってしまっても、どうかあわてないでください。できる限り同じ授乳と睡眠のパターンを毎日繰り返していれば、赤ちゃんはすぐにリズムをつかむはずです。

スケジュールに指定されている時間の前に赤ちゃんがお腹をすかせて泣き出したときは、赤ちゃんの気をそらしたり遊ぼうとしてみてもうまくいかなければ、必ずおっぱいをあげてください。遊びの時間が来ても赤ちゃんがどうしても眠たそうにしていれば、少し長めに寝かしておいてかまいません。あまり無理をするのはやめましょう。「どうしてうまくいかないんだろう」と思い悩まずに、次の日にもう一度試してみればいいだけです。近くに祖父母や親戚が住んでいることも少ない昨今は、日中はひとりで赤ちゃんの面倒をみているママが多いのではないでしょうか。そんなママたちに私は拍手を送りたいのです。子育ては本当に大変な仕事です。しかしあなたはひとりぼっちではありませんし、決して「母親失格」などではありません——だんだん楽になるのです！

Q　午後10時30分の授乳で赤ちゃんと目を合わせてはいけないと書いてありますが、なぜなのでしょうか。

A　私が夜の授乳のときに目を合わせないようにと言うのは、赤ちゃんに「今は遊びの時間ではありませんよ」と優しく教えてあげるためです。赤ちゃんを落ち着かせなければいけないときに興奮させすぎると、疲れて寝つきが悪くなることもあります。心と体の両方の成長のためにも睡眠はとても重要なものです。遊んだり、お話ししたり、面白いおもちゃを見せてあげたりするのは、目がパッチリ覚めていて赤ちゃん自身が楽しめる時間にしましょう。

Q　スケジュールが厳しすぎるために、次に何をすればいいのか心配で、子育てが楽しめません。

A　赤ちゃんが病院からおうちにやってきたその胸躍る日から、みなさんに子育てを存分に楽しんでもらいたいと心の底から願っています。抱っこをしたり、遊んだり、お風呂で水しぶきをあげたり、おむつを替えながら足をくすぐったり、毎日がそんな瞬間で満たされています。しかし赤ちゃんの機嫌がよくなければ、これらのことも一緒に楽しむことはできません。私のスケジュールは、機嫌のいい赤ちゃんを育《はぐく》むことができるように、ママが暮らしのリズムを整えるお手伝いをするためのものなのです。しかし向き不向きもありますので、スケジュールに合わせて生活するのが苦痛であれば、どうぞ中止してください。

私のスケジュールは、赤ちゃんが興奮しすぎて疲れてしまう、ゆらゆら抱っこや夜中のドライブといった間違った寝かしつけの癖を身につけてしまう、赤ちゃんが夜中にしょっちゅう目を覚ますためにママが疲れきってしまう、といった長期的な問題を防ぐのにも役立ちます。ですから、もしこのような問題が起きてしまったら、どうかもう一度私の本を手にとってみてください。スケジュールはママがストレスや不安を感じて思い悩むためのものではなく、あなたをお手伝いするためのものなのです。

Q　新しく生まれた赤ちゃんだけでなく、年長の子どもの面倒もみなければいけません。2人の子どもを抱えていると、なかなかスケジュールどおりにはいかないのですが。

A　これはとても重要なポイントです。年長のお子さんの幼稚園の送り迎えの時間と、本に示されたお昼寝時間がぶつかっているせいで、スケジュールどおりにいかないというママがたくさんいるようですが、上のお子さんのときにも私のスケジュールを使っていれば、少なくとも午前7時起床、午後7時就寝という生活リズムはできあがっていると思います。年長のお子さんが3歳以下であればまだお昼寝をしていると思いますので、赤ちゃんのお昼寝時間にうまく合わせて寝かせることもできるでしょう。30分ほどお昼寝時間が重なればママの自由時間もできるかもしれません。

お昼寝の合計時間は、スケジュールに指定されている時間を守るように頑張りましょう。赤ちゃんのお昼寝時間を年長のお子さんのスケジュールに合わせる場合は、お昼寝の合計時間が指定されている長さを超えないように気をつけてください。また、少なくとも夜の就寝だけは必ず時間どおりに行うようにしてください。そうすれば夜は体を休めて、幼い子どもたちの世話疲れから回復することができるでしょう。

第3章　授乳について

授乳は、赤ちゃんの一生の最初の1年で極めて重要な意味を持ちます。赤ちゃんのこれからの健康の基盤をつくるだけでなく、どれだけぐっすり眠るかに関しても大きな役割を果たすからです。母乳を与えるのは、間違いなくもっとも自然にかなった最高の方法です。私がお手伝いをしてきたママたちのほとんどが、離乳食が始まるまで、あるいはその後も母乳育児を成功させてきたことは、私の誇りです。

もちろん、数週間しか母乳を続けられなかったり、個人的な理由から母乳育児を選択しなかった人たちもいました。しかし、たとえあなたが母乳育児に興味がなくても、少なくとも一度は試していただきたいと願っています。一人目の子どものときに、ディマンド・フィードで育てたために母乳をあげるのが苦痛でしかなかったママたちのなかにも、私の方法を試してからは、母乳育児を楽しめるようになった人もたくさんいました。

もし、あなたがすでに何らかの理由で母乳をやめてしまったか、もともと粉ミルクによる授乳に決めているなら、正しいミルク育児の方法についても多くのアドバイスを提供しています。もちろん母乳がベストではありますが、あなたが十分な説明を受けてよく考えたうえで母乳育児を選択しなかったのであれば、それに同意しない他人の意見を聞いて後ろめたく思う必要はありません。おっぱいをあげないと赤ちゃんとの絆《きずな》が育《はぐく》めないという意地悪なコメントは無視してください。個人的経験を言えば、私の母はたった10日間しか私を母乳で育てませんでしたが、私と母以上に気持ちが通じ合っていた親子はいないでしょう。その一方で、ほぼ2年間も母乳で育てられながら、母親の顔など見たくないと言っている友人もいるのです。

ミルクだからといって必ず機嫌のいい赤ちゃんになるわけでもなければ、授乳リズムを整えるのが簡単なわけでもないことを、ここで強調しておかなければなりません。母乳であろうとミルクであろうと、生活リズムを確立するには時間と根気が必要です。ですから簡単に結果が出ると思ってわざわざミルクに切り替えるのはやめてください。ミルクで育つ赤ちゃんも、母乳の子と同じくらいの指導とサポートが必要なのです。唯一の違いは、母乳で育てている場合には、通常すべての負担が母親にかかってくるという点だけです。母乳で育てることを望んでいるママたちが私のスケジュールを使えば、母乳育児を続けながら赤ちゃんの生活リズムを整えられるだけでなく、搾乳《さくにゅう》したお乳でパパが授乳できるというボーナスもついてきます。

母乳育児がうまくいかなくなる理由

新米ママのお手伝いを始めてすぐに気づいたことは、まず母乳をあげるのは一番自然な方法かもしれないけれど、なかなかうまくいかないママもいるということでした。出産直後に助産師さんが授乳の仕方を教えてくれますが、すんなりおっぱいをくわえて、ごくごく飲み始め、次の授乳時間までぐっすり眠ってくれる赤ちゃんもいる一方で、大騒ぎしておっぱいをくわえるのを嫌がったり、4～5回吸って眠ってしまう赤ちゃんもいます。こういったことははじめのうちはよくあります。

マタニティナースとして働いていたとき、おうちを訪問してみると、ママの乳首が傷ついて出血しているせいで、赤ちゃんにおっぱいを吸われるたびにママが激痛で泣いているということがよくありました。このような状況では、母子の絆を深めようにも、滑り出しで失敗してしまっています。体の苦痛だけでなく、赤ちゃんにおっぱいをちゃんとあげられない自分はダメな母親なのではないかと、精神的にも悶々《もんもん》とすることになります。赤ちゃんにもストレスがたまり、じょうずにおっぱいが吸えていないせいでお腹がすいて泣いてばかりいます。これらの問題や、母乳育児に関連するトラブルの多くは、最初のころにママが目の行き届いたケアを十分に受けていれば避けられるはずなのです。できるだけ多くのママたちに母乳育児をやり遂げてもらうには、早い段階でサポートを提供するのが肝心です。

どうやってお乳がつくられるのか、また母乳の成分とはどんなものなのかを知っていれば、「ジーナ流生活スケジュール」がなぜうまくいくかを理解するうえで役に立つでしょう。ただし成長期でおっぱいを飲む量が増えるときや、おっぱいを飲みきらないときには、スケジュールを調整するためのアドバイスを参考にしてください。

母乳がつくられるしくみ

催乳反射《さいにゅう》
あなたが妊娠している間につくられるホルモンは、おっぱいが母乳を製造するための準備を手伝います。赤ちゃんが生まれておっぱいを吸うようになったら、オキシトシンと呼ばれるホルモンが脳の底部にある下垂体《かすいたい》から分泌《ぶんぴつ》され、胸に「催乳」のシグナルを送ります。乳腺の周りの筋肉が収縮し、赤ちゃんがおっぱいを吸うと、15～20ある乳管にお乳が流れ込みます。多くの女性が、胸に多少チクチクとした感覚を覚え、お乳が出てくるときには子宮が収縮しているように感じるようです。ふつう1～2週間もすると、その感覚は消えてしまいます。赤ちゃんの泣き声が聞こえたり、離れているときに赤ちゃんのことを考えるだけで、催乳反射を経験することがあるかもしれません。その一方で、緊張していたり、非常にストレスがたまっているときは、オキシトシンは分泌されず、お乳が排出されにくくなります。ですから、母乳育児を成功させるには、あなたが落ち着いてリラックスしていなければいけません。背筋を伸ばして楽に座ってください。赤ちゃんを正しい位置に抱きかかえるのに、ゆっくり時間をかけましょう。誤った抱き方のせいで授乳中に痛みが生じると、オキシトシンの分泌に影響が出て、催乳反射に響きます。

母乳の成分

あなたの胸が初めてつくるお乳を「初乳」と言います。産後3〜5日目に出始める「成乳」と比べると、糖質や脂質が少なく、プロテインとビタミンがより多く含まれています。初乳には、あなたが今までにかかった病気の抗体もいくらか含まれていますので、赤ちゃんが感染と戦うのを助けてくれます。成乳と比べると、初乳はもっと濃く、色も黄色がかって見えます。産後2〜3日目には、初乳と成乳の混じったお乳が生産され始めます。

その後3〜5日目ごろにはおっぱいが張り出します。固く敏感になり、触ると痛い場合もあります。これは成乳が完全に出だした証拠です。痛みの原因は、お乳が出始めて乳腺が拡張し、胸への血液の供給量が増加するために起こります。このころは、少量ずつ頻繁に授乳する必要があります。これはお乳の出を刺激するのを助けるだけでなく、胸の極端な張りを緩和してくれます。この時期は赤ちゃんがおっぱいにじょうずに吸いつくことがなかなかできないため、授乳の前に少し搾乳するといいでしょう。温かく湿らせたネル素材のタオルを胸に当てて、手で優しく搾乳してください。また、授乳と授乳の間に冷やしたキャベツの葉を直接胸に当てると、鎮痛効果があると言われています。

成乳は初乳とはずいぶん違って見えます。サラサラとしていて色は少し青みがかっていますし、成分が授乳中に変化するのです。吸い始めのころは、水分の割合が高く脂質が少ない「前乳」を飲むことになります。授乳が進むにつれて、赤ちゃんの吸い方はゆっくりになり、吸う間隔もだんだん長くなってきます。これが「後乳」まで達しているサインです。後乳の量はほんの少しですが、これが出てくるまで十分おっぱいを吸わせることがとても重要です。この後乳のおかげで、授乳と授乳の間のお腹の持ちがよくなるからです。片方のおっぱいを赤ちゃんが完全に空《から》にする前に次のおっぱいをあげ始めると、2つのおっぱいから前乳ばかり飲むことになってしまいます。あとでその影響が出て、2時間後にはまた赤ちゃんがお腹をすかせることになってしまいます。また、前乳ばかりを飲んでいると、コリック（疝痛《せんつう》）を引き起こす結果になるでしょう。赤ちゃんによっては片方のおっぱいだけではお腹がいっぱいにならず、もう一方のおっぱいを与える必要がありますが、その前に最初のおっぱいが完全に空になっているのを必ずチェックしてください。

はじめのおっぱいから最低25分、そして次のおっぱいから5〜15分間授乳をしていれば、生後1週間が過ぎるころには、バランスよく前乳と後乳を飲んでいると思って間違いありません。

また、次におっぱいを欲しがるまで3～4時間は満足できるはずです。授乳のたびに毎回両胸から飲んでいる場合は、次の授乳のときに必ず、前回あとからあげたおっぱいから始めてください。そうすれば、1回おきに左右の胸が必ず空っぽになっていることになります。

以下にこれまでのポイントをまとめます。これに従えば、素早く簡単に母乳の出を促進し、前乳と後乳のバランスがとれたお乳を赤ちゃんに飲んでもらえるようになるはずです。

● 授乳と授乳の間にはできるだけ体を休めて、食事の間隔もあまりあけないように心がけてください。また、食間にはヘルシーなおやつを軽くつまみましょう。

● 授乳に必要なものはすべて前もって準備しておきましょう。リラックスして授乳を楽しむには、アーム付きで背もたれがまっすぐの座り心地のよいイス（足を乗せる台がついていてもいいですね）、あなたと赤ちゃんの両方をサポートするクッション、お水を1杯、そして癒《いや》し系の音楽などが役立ちます。

● 赤ちゃんを正しい位置に抱きかかえるのにゆっくり時間をかけましょう。抱き方が間違っていると、乳首が痛むばかりでなく、切れて出血することも珍しくありません。そのせいでお乳の出が悪くなり、結果的に授乳がうまくいかなくなってしまいます。

● 二番目のおっぱいに進む前に、赤ちゃんが完全に最初のおっぱいを空にしているのを確認してください。おっぱいが空になる直前にほんの少量出てくる脂質の高い後乳が、授乳後のお

赤ちゃんの正しい抱き方の例

腹の持ちをよくするのに効果があるのです。

● 月齢の低い赤ちゃんは、片胸で十分お腹がいっぱいになることもよくあります。最初のおっぱいを完全に飲みきった場合は、げっぷをさせておむつを替えたあとに、次のおっぱいをすすめてみましょう。もっと飲みたければ吸いつくはずです。そうでなければ、次の授乳の時間に、そのおっぱいから始めてください。

● 赤ちゃんがもう片方のおっぱいを飲み始めた場合、次の授乳のときには、再びその胸から始めてください。

● お乳が出始め、赤ちゃんが胸

を吸う間隔が長くなってきたら、完全におっぱいを飲みきり後乳が出始めるまで、十分に飲ませることが重要です。おっぱいを完全に空にするのに30分かかる赤ちゃんもいます。親指と人差し指で優しく乳首をしぼってみると、まだお乳が残っているかどうかを確認できます。

● おっぱいが空になったら授乳をストップしましょう。絶対にそれ以上赤ちゃんに吸わせてはいけません。乳首が傷つき痛むようになってしまいます。

母乳育児を成功させるためのジーナ流メソッド

母乳育児を成功させるには、正しいスタートを切ることが肝心です。母乳の出をよくするには、産後すぐにできるだけ頻繁に少量ずつお乳をあげることが不可欠です。しかし赤ちゃんにきちんとおっぱいをくわえてもらわなければ、頻繁にお乳をあげていても必ずしも出がよくなるわけではありません。病院で十分な指導が受けられなかった場合には、経験豊富な母乳育児のカウンセラーからも指導を受けることをおすすめします。

私がお手伝いをするママたちには、3時間おきにそれぞれの胸から5分ずつあげるようにアドバイスします。3時間の間隔は、授乳を開始した時間から次の授乳の開始時間までで計ってください。そしておっぱいがしっかり出てくるまで、1日数分ずつ授乳時間を延ばします。すると3日目から5日目にはお乳が出始め、赤ちゃんがおっぱいを吸う時間も15～20分に増えているはずです。そのころには多くの赤ちゃんは片方の胸でお腹がいっぱいになり、次におっぱいを欲しがるまで3時間はご機嫌でしょう。

しかし、3時間たつよりずっと前にまたお腹がすくようであれば、授乳のときにもう片方のおっぱいも飲ませてみてください。二番目のおっぱいをふくませる前に、赤ちゃんが最初のおっぱいを完全に飲みきって空にしていることを必ず確認してください。おっぱいを切り替えるのが早すぎると、赤ちゃんが前乳を飲むだけで終わってしまいます。赤ちゃんがいつも不機嫌でコリックに悩まされている場合は、前乳の飲みすぎが原因となっていることが多いのです。授乳中にウトウトしやすい赤ちゃんの場合は、重要な後乳に達しておっぱいを空にするまでに20〜25分かかることもあります。その一方で、あっという間に後乳に達する赤ちゃんもいるでしょう。お乳を十分飲むのにどれくらい必要かは、赤ちゃんの様子で判断してください。私が示した時間内におっぱいをたっぷり飲み、授乳と授乳の間の時間も機嫌がよく、おむつもしっかり濡れているようであれば、お乳の量は十分足りているでしょう。

最初の数日間は、朝6時から深夜12時の間に3時間おきに赤ちゃんを起こして、短めの授乳をしてあげてください。こうすることで、母乳育児は最高のスタートを切ることができます。日中に赤ちゃんが十分にお乳を飲んでいれば、夜中の授乳間隔もあいて、長く眠ってくれるようになるはずです。また、ママが体力を消耗してしまうのも防ぐことができます。この体力の消耗が、母乳育児の最大の敵のひとつです。

人生においては何事もそうですが、成功は確かな基礎を築かなければ訪れません。私がお手伝いをしたママたちの話では、病院にいる間に3時間おきの授乳を心がけていれば、1週目の終わりには授乳パターンができあがっているようです。その後、その授乳パターンから私のスケジュールに移行するのは、それほど難しくはありません。

148ページの母乳育児用のスケジュールを実践すれば、おっぱいの出をよくするのに効果があるだけでなく、「お腹がすいている」「疲れている」「退屈している」「興奮しすぎている」といった赤ちゃんの示すさまざまな欲求の違いを理解することができるようになるでしょう。

私の母乳育児メソッドがうまくいく理由を次にまとめました。

● 最初の数日間は、赤ちゃんを3時間おきに起こして、授乳は短時間で終わらせます。こうすることで、乳首を吸われることに徐々に慣れることができます。乳首がひどく痛んだり傷ついて出血したりするのも防げます。母乳が出始めたころにおっぱいがひどく張ることがありますが、それによる痛みも和らげてくれます。

● 1週目に3時間以上授乳間隔をあけると、赤ちゃんが空腹を満たそうとして、空になった胸をずっと吸い続けることがよくあります。少量ずつ頻繁に授乳をしていれば、そのような事態が避けられます。

● 新生児の赤ちゃんの胃腸はたいへん小さいため、1日のお乳の必要摂取量を飲ませようと思うと、少しずつ頻繁に授乳するしかありません。午前6時から深夜12時の間に3時間おきに授乳すれば、徹夜の授乳態勢を強いられることはないはずです。本当に幼い赤ちゃんでも、授乳間隔をぐんと延ばすことは可能ですし、私のアドバイスに従っていれば、日中ではなく、必ず夜中の授乳間隔が延びていきます。

●母乳育児を成功させるためには、ママがリラックスしてゆったりとした気持ちで取り組まなければいけません。出産直後にもかかわらず、一晩中授乳のために叩き起こされ疲れ果てていては、それも不可能です。

●生まれたばかりの赤ちゃんには昼夜の区別がありません。日中の授乳と夜中の授乳の方法に違いをつけると同時に、朝7時から夜7時の授乳の間に長時間眠らせないようにすれば、赤ちゃんは昼夜の違いをより早く理解するようになります。

搾乳について

私のスケジュールを実践しながら母乳育児を成功させるには、子どもが生まれたらすぐに搾乳を始めるのがポイントです。私がお手伝いをしたママのほとんどが母乳育児に成功している理由のひとつは、早い段階から電動の搾乳機を導入しているせいだと確信しています。理由は単純です。母乳の出は需要と供給によって成り立っているからです。生後数日の赤ちゃんであれば、通常片方の胸から飲むだけでお腹がいっぱいになります。もう片方の胸から少しだけ飲み足す赤ちゃんもいますが、この段階で両胸のお乳を飲み干せる赤ちゃんはほとんどいないでしょう。2週目が終わるころには母乳の出も釣り合いがとれて、赤ちゃんが欲しがる分だけお乳が製造されるようになっているはずです。3～4週目には赤ちゃんは成長期に入り、食欲が増加します。

現在一般的には産後6週を過ぎるころまで搾乳をするべきではないと言われていますが、このアドバイスに従いながらスケジュールを守ろうとすると、ここでしばしば問題が起こります。増加した食欲を満たすために、日中は2～3時間おきの授乳、そして夜中の授乳も2回、という状態に戻ってしまうのです。赤ちゃんが成長期を迎えるたびにこれが繰り返されて、結果的には眠る直前にお乳を飲む習慣ができあがってしまいます。このせいで「ねんね」＝「おっぱい」といった誤った関連づけが刷り込まれて、赤ちゃんを以前の授乳リズムに戻すのが大変になってしまいます。

産後早いうちから余ったお乳を搾乳していれば、赤ちゃんが必要とする量以上の母乳を製造するようになります。赤ちゃんが急激に成長する時期には、早朝の搾乳のときにいつもよりも少なめにしぼるだけで、簡単に食欲の増加分を補うことができるため、赤ちゃんの授乳リズムにも影響はありません。また、産後間もないころから搾乳をしていれば、お乳の出が悪いといった問題も回避しやすくなります。

しかし、赤ちゃんが生後1カ月を超えている場合、またはママがおっぱいの出が悪くて困っている場合は、私の「母乳の出をよくするためのプログラム」（262ページ）に従えば、始めて6日以内に大きな改善が見えるはずです。赤ちゃんが生後1カ月未満であれば、通常のスケジュールに示されたとおりに搾乳を実践していれば十分でしょう。

1週から4週目の間に、午後10時30分の授乳のときに哺乳《ほにゅう》びんを使って搾乳したお乳かミルクをあげることにすれば、授乳を他の人に代わってもらうことができます。夜中の授乳で疲れていれば、早めに就寝することができるわけです。私のスケジュールではこの時間に搾乳をするか、もしくはおっぱいをあげることになっています。赤ちゃんが哺乳びんからお乳（ミルク）が飲めるのであれば、午後9時30分から午後10時の間に搾乳をすませて、その後ベッドに入ってください。この時間に搾乳をするのはお乳の出をキープするためにも、夜中の授乳のときにたっぷりお乳が出るようにするためにも、たいへん重要なのです。

以前搾乳で困った経験のある方も、どうかがっかりしないでください。以下のガイドラインを参考にしながら、私のスケジュールか第7章に示した「母乳の出をよくするためのプログラム」に従えば、搾乳ももっと簡単にできるようになるはずです。

● 搾乳に一番適した時間は、通常おっぱいの張りが強い午前中です。授乳を始めるころに合わせてすれば、搾乳もしやすいはずです。授乳の直前に最初のおっぱいから搾乳をするか、またはまずお乳をあげて、その後もう片方のおっぱいを赤ちゃんにあげる前に搾乳してください。片方のおっぱいをあげながら、もう片方のおっぱいを搾乳するほうが簡単だと言うママもいます。

「母乳の出をよくするためのプログラム」では、午前6時45分に搾乳をするようにすすめています。しかし、母乳の出が十分で、早朝の搾乳をする気になれなければ、赤ちゃんが最初のおっぱいを飲み終えた午前7時30分ごろに、もう片方のおっぱいから搾乳を始めてもいいでしょう。お乳の出を心配しているママや母乳用のプログラムを実行しているママは、指定された時間を守るようにしてください。

● はじめのうちは、60〜90ml搾乳するのに、朝の授乳で最低15分、夜の授乳であれば30分程度はみておく必要があります。搾乳は静かでリラックスした雰囲気で行いましょう。練習すればするほど搾乳も簡単になります。1カ月もすると、両胸同時にしぼることができるダブルポンプの搾乳機を使えば、午後10時の搾乳で10分以内に軽く60〜90mlはしぼれるようになるでしょう。

● 搾乳を始めてすぐの時期には、病院で使われているような電動の強力搾乳機が威力を発揮します。吸引方法は、赤ちゃんの吸い方を模して設計されており、お乳の流れを促すようにできています。午後10時に両胸を搾乳している場合は、搾乳時間を短縮するためにも、両胸を一度にしぼれる付属品に投資してください。

●お乳の製造量が減る夜間には、催乳が鈍いことも多々あります。リラックスできる温かいお風呂やシャワーは、お乳の流れをよくするのに役立ちます。さらに、搾乳の前と搾乳中に胸を優しくマッサージするのも効果があります。

●赤ちゃんの写真を見ながら搾乳するママもいれば、お気に入りのテレビ番組を見たり、パパと話しながら搾乳するほうがうまくいくというママもいます。あなたにとって一番効果的な方法を見つけるためにも、いろいろなやり方を試してみてください。

おっぱいの出が安定してきたら搾乳の量を減らしてもかまいません。3カ月になるころには、搾乳時間は午後10時の1回だけです。4〜6カ月の間には、この最後の搾乳も必要なくなるでしょう。赤ちゃんが飲む量に合わせて母乳が出るようになったら、午後10時の搾乳も必要なときだけにできますし、何晩か搾乳をしなくても特に問題はないでしょう。赤ちゃんに離乳食を始めたほうがよい兆候がみえたときに、お乳を余分にあげることができるように、4〜5カ月になっても搾乳を続けることをおすすめします。専門家のアドバイスに従って6カ月になる前に離乳食を始めることに決めた場合は、すぐに搾乳をストップしてもかまいません。

母乳からミルクへの切り替え方

卒乳・断乳までの母乳育児の長さに関係なく、母乳からミルクへの切り替えはしっかり計画を立てて行わなければいけません。母乳で育てる期間を決めるときには、一度お乳の出が安定したら、授乳1回分の量を減らすのに1週間かかるということを覚えておいてください。例えば、母乳がしっかり出始めるのには6週間近くかかることもありますが、その後断乳を決めた場合は、母乳での授乳をすべてミルクに切り替えるには、最低でもさらに5週間見越しておかなければいけません。これは仕事に戻る予定のママたちにとっては大事なポイントです。お乳がきちんと出始める前に母乳育児をやめてしまう場合でも、赤ちゃんが哺乳びんからミルクを飲むのに慣れるための時間を考慮に入れておくべきです。おっぱいから飲むことで感じていた喜びや安らぎを突然失うと、非常に不安定になる赤ちゃんもいます。

お乳をあげていたのが1カ月以内であれば、授乳を1回分母乳からミルクに切り替えるには、通常3～4日間かけるようにアドバイスしています。1カ月以上母乳をあげてきたママは、1回分の切り替えに5～7日間は見越しておいたほうがいいでしょう。午後10時30分の授乳のときにすでに哺乳びんを使っている場合は、次に切り替えなければいけない授乳時間は朝の11時になります。一番いいのは、お乳をあげる時間を1日に5分ずつ短くして、その後ミルクで不

授乳時間	7 am	11am	2 :30pm	6 :30pm	10:30pm
ステージ1	母乳	ミルク	母乳	母乳	搾乳（注１）
ステージ2	母乳	ミルク	ミルク	母乳	搾乳
ステージ3	母乳	ミルク	ミルク	ミルク	搾乳
ステージ4	母乳	ミルク	ミルク	ミルク	
ステージ5	ミルク	ミルク	ミルク	ミルク	

注１　赤ちゃんが３～４カ月になるまでは、午後10時の搾乳を続けるようにしてください。母乳の出を維持するのにも役立ちますし、お乳の量を知るためのだいたいの基準になります。私の経験では、搾乳した量のおよそ２倍のお乳が一晩でできることが多いようです。ステージ３に進んだら、搾乳時間を１日に３分ずつ減らしながら徐々にストップしてください。搾乳しても60mlしか出なくなり、朝方になってもおっぱいの張りが強くなければ、搾乳を完全にやめてしまってもかまわないはずです。最後のおっぱいをあげたあとは胸を刺激しないように気をつけましょう。温かいお風呂につかって胸を温めると、おっぱいに残っているわずかなお乳を排出するのに効果があります。胸を刺激しても再びお乳が出始めることもありません。

足分を補完する方法です。赤ちゃんが全量を哺乳びんから飲めるようになったら、おっぱいからの授乳をストップしてください。母乳からミルクへの切り替えは、慎重に計画を立てておけば、赤ちゃんも哺乳びんに慣れるための時間が持てますし、ママも乳腺炎《にゅうせんえん》になるリスクを回避できます。お乳が張りすぎて乳管が詰まると乳腺炎にかかりやすくなります。これは時間をかけずに母乳を急にストップしてしまうママによく起こるトラブルです。

切り替えを進める間も、夜10時の搾乳を継続してください。出てくるお乳の量を見れば、どれくらいの速さで母乳の出が減っているかを計る目安になります。おっぱいをあげる回数が1日2回まで減ると、お乳の量が急激に減るというママもいます。ここで注意しなければならない兆候は次の2つです。①授乳のあとでも赤ちゃんがイライラして機嫌が悪い。そして、②いつもの授乳の時間よりもかなり前におっぱいを欲しがる。もしも赤ちゃんにどちらかの兆候が出ていれば、おっぱいのすぐあとに、搾乳したお乳かミルクを30~60ml足してあげてください。こうすれば、空腹のためにお昼寝のリズムが崩れてしまうのを防ぐことができます。

前ページの表は切り替えの順番を示したガイドラインです。「ステージ」は、あなたのそれまでの母乳育児の期間によって、それぞれ「3~4日間（1カ月以内）」か「5~7日間（1カ月以上）」を意味しています。

ミルクで育てる場合には

ミルク育児を選択しても、母乳用のスケジュールと同じ時間設定で進めてください。唯一、朝7時の授乳のあとに3時間以上授乳間隔があいても赤ちゃんの機嫌が変わらないという以外に、特に違いはありません。「お風呂の前に片胸をあげて、お風呂のあとにもう片方の胸を」と授乳を2回に分けて行うべきところは、同じ方法を当てはめてミルクをあげてください。私は通常、ミルクを2びんに分けて用意しておきます。

授乳の量と回数

保健機関は、赤ちゃんが生後4カ月未満の場合、体重1ポンド（約450グラム）当たり70mlのミルクが必要だとアドバイスしています。3200グラムの赤ちゃんであれば、1日におよそ510ml必要になるわけです。これは単なる目安の数字にすぎず、すぐにお腹がすいてしまう赤ちゃんの場合は、30mlほど余分に授乳する必要があるかもしれません。その場合は、きちんと授乳の時間を管理して、正しい授乳時間に補完分を足して多めに飲ませるようにしましょう。夜の授乳で多めに飲む習慣がついてしまうと、そのせいで朝起きたときにお腹がそれほどすいておらず、日中に十分おっぱいを飲まなくなります。すると再び夜中に授乳する必要が出てくる

〈1カ月目の授乳例〉

時間＼週	1週目	2週目	3週目	4週目
7am	90ml	90ml	120ml	150ml
10−10:30am	90ml	120ml	120ml	120ml
2−2:30pm	90ml	90ml	90ml	120ml
5pm	60ml	90ml	90ml	90ml
6:15pm	60ml	60ml	90ml	90ml
10−11pm	90ml	120ml	120ml	150ml
2−3am	90ml	60ml	90ml	60ml
合計	570ml	630ml	720ml	780ml

注意　この表の1日のミルク量は、ある特定の赤ちゃんのニーズに合わせて計算された数字ですので、あなた自身の赤ちゃんの必要量に合わせてミルクの量を調節するのを忘れないでください。しかし示された授乳時間は守るようにしましょう。成長期の間は、午前7時、午前10時30分、そして午後10〜11時の授乳の量をまず増やしてください。

という悪循環に陥ってしまいます。

同じガイドラインが母乳のママにも当てはまります。1日のおっぱいの必要摂取量のほとんどを、朝7時から夜11時の間に飲ませるのが目標です。そうすれば夜中の授乳は少量ですむはずですし、最終的には完全に必要なくなります。

ミルク育児を軌道に乗せるには

何かの理由でミルクを温めるときは、電気保温器を使うか沸騰《ふっとう》したお湯につけて温めてください。決して電子レンジでミルクを温めてはいけません。熱が均等に配分されず、赤ちゃんのお口をやけどさせてしまうかもしれません。どちらの方法を使っても、赤ちゃんにミルクをあげる前に、必ず温度をチェックしてください。ひじの内側に2~3滴ミルクを振り落としてみます。ほのかに温かく感じる程度が適温で、決して熱くてはいけません。一度ミルクを温めたら、もう1回温めなおすのはやめましょう。ミルクの中のバクテリアが急激に増加して、赤ちゃんがお腹をこわすことがあります。これがミルク育ちの赤ちゃんに起こる胃のトラブルの一番の原因なのです。

ミルク育ちの赤ちゃんに対する病院のアドバイスは、母乳の赤ちゃんとほとんど同じです。「赤ちゃんが欲しがるときにはいつでも、そしていくらでもあげてください」。母乳育児のようにお乳の出を心配するという問題はない一方で、このアドバイスに従っていると、それ以外の問題がたくさん起こりやすくなります。

　出生時の体重が3200グラム以上のミルク育ちの赤ちゃんは、2〜4週間用のスケジュールに一気に進むこともできます。しかし小さめに生まれた赤ちゃんは、それほど授乳間隔をあけることはできないかもしれず、ほぼ3時間おきの授乳が必要になるでしょう。

　自宅に戻ったら、その日のミルクを前もって調乳するのを習慣にしてください。つくり置きをするときは、疲れやすい時間を避けて、1日の中でも静かな時間帯を選んでください。缶に書かれたつくり方の指示にもきちんと従いましょう。前日につくっておいたミルクは、すべて廃棄してください。同様に、飲み残しのミルクも決して取っておかないように。ミルクを一度温めたら、1時間以内に使ってください。この時間が過ぎたら残りはすべて捨てて、必要であれば新しいミルクを温めなおすようにしてください。最初のうちは緊急用として、冷蔵庫に湯冷ましを1びん余分に入れておくのがいいでしょう。冷蔵庫から出して外に置いてあったお水も、数時間以内であれば大丈夫のはずです。しかし暖かい日は、あまり長時間置きっぱなしにしないこと。

衛生管理と消毒について

　衛生管理には最大限の注意を払わなければいけません。授乳用の道具の消毒、それにミルクの準備と保管には特に気をつけましょう。

赤ちゃんのミルクを準備したり道具を消毒する場所は、ゴミひとつなく清潔に保たれていなければいけません。キッチン・カウンターや作業台は、毎朝洗剤を混ぜたお湯で完璧に洗い流し、その後洗剤が残らないように、きれいに拭き取りましょう。それからキッチンペーパーと殺菌スプレーを使って最後の仕上げ拭きをしてください。

次のガイドラインに従えば、幼い赤ちゃんのお腹の調子を悪くする最大の原因である細菌繁殖のリスクを減らすことができます。

● キッチン・カウンターや作業台は毎日完璧に洗い流してください。

● 授乳のたびに、哺乳びんと乳首を冷たい水で十分にすすいで、洗浄と消毒に備えて洗い桶《おけ》に入れておきましょう。

● 消毒とミルクの準備は、毎日同じ時間に行うのを習慣づけてください。しっかり集中できるように疲れの出にくい時間帯を選びましょう。私がお手伝いしたママたちのほとんどは、赤ちゃんが長めのお昼寝に入る正午ごろを選んでいました。

● 抗菌作用のある石鹸を使って、お湯でしっかり手を洗いましょう。その後キッチンペーパーで拭いてください。キッチンタオルは細菌繁殖の温床《おんしょう》ですので使用しないように。

● 冷蔵庫に残っている前日のミルクはすべて捨てましょう。

● 汚れた哺乳びんを入れておく洗い桶に、洗剤の入ったお湯を張ってください。哺乳びん専用の持ち手の長いブラシを使って、哺乳びん、乳首、乳首を取り付けるリング、蓋《ふた》のすべてを、内側から外側まで丁寧に洗いましょう。哺乳びんの首部分とリングは特に念入りに。その後、熱いお湯ですべてをしっかりすすいで、洗い桶に戻してください。桶に熱いお湯を流し入れて、中のものが完全にすすがれているかチェックしましょう。
● 消毒器は毎日きれいにすすぎましょう。はずれる部品は確認して、必要であれば洗ってすすいでください。哺乳びんと乳首は、メーカーの説明書に従って消毒器にセットしてください。
● やかんのお湯が冷めて哺乳びんの消毒も終わったら、粉ミルクの缶の指示に注意深く従って24時間分のミルクをつくり置きします。

ミルクの飲ませ方

イス、クッション、スタイ、ガーゼなど必要なものはすべて前もって準備しておきます。母乳のときと同様に、ママはイスに楽に腰掛けましょう。はじめのうちは、赤ちゃんを抱きかかえている腕をクッションに乗せてサポートするといいでしょう。赤ちゃんの背中が曲がらないように気をつけながら、体を倒しすぎないように支えてあげてください。図A（次ページ）の抱き方で飲ませれば、図Bのようにしてミルクをあげたときと比べると、赤ちゃんのお腹に空気が入り込みにくくなります。

哺乳びんで授乳するときの赤ちゃんの抱き方

図A

○

図B

×

授乳を始める前に、一度哺乳びんのリングをゆるめて、その後再び締めなおしてください。ほんの少しだけゆるめに取り付けます。リングがあまりきつすぎると、空気が哺乳びんに入りにくくなり、赤ちゃんが吸ってもミルクが出てきません。

ミルクが熱すぎないかどうかも必ずチェックしましょう。赤ちゃんが熱いミルクに慣れてしまうと、授乳が進むにつれてミルクが冷めたときに飲むのを嫌がるようになります。ミルクの温めなおしや、たとえわずかな間でも温かいお湯の中にミルクを入れっぱなしにするのは危険ですのでやめましょう。

授乳が始まったら、赤ちゃんが空気を飲み込みすぎるのを防ぐためにも、乳首全体がいつもミルクで満たされるように哺乳びんの角度を十分上に傾けてください。げっぷをさせる前に、まず赤ちゃんが欲しいだけ飲ませてあげましょう。まだしたくないときにげっぷをさせようとすると、赤ちゃんの機嫌が悪くなることもあります。

ミルクをほとんど飲んで、げっぷもすませたあと10～15分休憩をして、それから再び残りのミルクを飲み始める赤ちゃんもいます。はじめのうちは途中にお休みを挟みながら飲んで、ミルクを終わらせるのに40分かかる場合もあります。赤ちゃんが6～8週間になったら20分程度で終わることが多くなるでしょう。

ミルクを飲むのにものすごく時間がかかるときや、飲んでいる途中でいつも赤ちゃんが居眠りしてしまう場合は、乳首の穴が小さすぎるのかもしれません。私は新生児用の乳首の穴は小さすぎると思います。あっという間にもうひとサイズ上の乳首にステップアップしなければいけない赤ちゃんが多いようです。

10～15分でミルクを全部飲みきって、もっと欲しがる赤ちゃんもたまにいます。こういう赤ちゃんは「よく飲む赤ちゃん」とひとくくりにされますが、実際にはたいてい、お腹がすいているというより、吸うのが大好きなのです。吸う力がたいへん強いために、あっという間にミルクも飲み終わってしまいます。吸うという行為は、小さな赤ちゃんにとっては、お乳を飲むための手段というだけではなく、生まれてすぐできる遊びのひとつでもあるのです。あなたの赤ちゃんが授乳のたびに必要量をあっという間に飲み干して、もっと欲しがる場合には、小さめの穴の乳首を試してみてもいいかもしれません。授乳のあとにおしゃぶりをあげても、赤ちゃんの「吸いたい」という欲求を満足させるのに効果があります。

ミルク育ちの赤ちゃんの場合、体重別に推奨されているミルクの量をかなり超過して飲ませていると、体重があっという間に増えてしまいます。1日に60～90 ml余分にあげる程度であれば問題はありませんが、飲みすぎの赤ちゃんで毎週のように240グラム以上体重が増えていると、ゆくゆくは太りすぎてミルクだけでは空腹を満たせなくなるでしょう。離乳食を始めてもいい時期が来る前にこのような状態になると、大きな問題になる可能性もありますので気をつけてください。

ミルク育児を成功させるために、次のまとめを読んで参考にしてください。

● ミルクをあげ始める前に、乳首をつけているリングをほんの少しだけゆるめてください。締め方がきつすぎるとミルクの流れが悪くなります。

● ミルクの温度が適温かどうかを必ずチェックしましょう。熱く感じるようではだめで、生ぬるい程度が適温です。

● ミルク育ちの赤ちゃんによく起きるのが、お腹にたまる空気のトラブルです。この問題を防ぐためにも、あなた自身が楽な姿勢で、赤ちゃんを正しい方法で抱きかかえていることが大切です。授乳の前に必ずチェックしましょう。

● 月齢のとても低い赤ちゃんは、授乳の途中で休憩が必要なこともあります。授乳を終わらせるのに40分は待ってあげましょう。

● 赤ちゃんが朝7時の授乳の時間が来ても眠っていることが多く、目が覚めてもそれほどお腹がすいていないようであれば、夜中の授乳を30ml減らしてみましょう。

● 成長期の間は次の項のガイドラインに従ってください。そうすれば、誤った時間に授乳の量が減ってしまったり飛ばしてしまったりすることがなくなります。

ミルクの与えすぎ

母乳育ちの赤ちゃんとは違って、ミルク育ちの赤ちゃんに一番よくある初期のトラブルは、ミルクの与えすぎです。この問題が起きる理由は、哺乳びんからミルクを飲むのが速すぎて、「吸いたい」という赤ちゃんの自然な欲求を十分に満足させることができないために、口から哺乳びんを離すと泣きだす赤ちゃんがいるせいだと私は考えています。このときに、泣いている赤ちゃんを見てお腹がすいているせいだと解釈するママが多いために、結局もう1びん分ミルクをあげてしまうのです。このミルクの与えすぎの傾向があっという間に習慣になり、赤ちゃんの体重は毎週みるみる増加していきます。この問題を放置しておくと、(6カ月以下の場合)離乳食を始めるには小さすぎるのに、ミルクだけでは食欲を満足させることができなくなってしまいます。

30mlほど多めに飲む必要のある赤ちゃんがいるのも確かですが、1日に飲む総量が必要量を150ml以上超えていて毎週体重が240グラム以上増えている場合は特別な注意が必要です。私がお世話をしていたミルク育ちの赤ちゃんが「吸うこと自体が大好きな子」だと感じたときは、授乳中に湯冷ましを与えてみたり、授乳のあとにおしゃぶりをあげたりしました。すると赤ちゃんの「吸いたい」という欲求が満たされるようで効果がありました。

赤ちゃんにミルクを与えすぎているのではないかと心配な場合は、保健師さんか医師に相談してみてください。

授乳に関するQ&A

Q　私の胸はとても小さく、赤ちゃんに必要なだけおっぱいが出ないのではないかと心配です。

A　●胸のサイズは母乳の製造量にはまったく関係がありません。形や大きさに関係なく、おっぱいにはそれぞれ15～20の乳管があり、ひとつひとつの乳管にお乳をつくる乳腺房がいくつもつながっています。母乳はこの乳腺房の中でつくられ、赤ちゃんが吸ったときに乳管を通って押し出されます。

●最初のころは、赤ちゃんに頻繁におっぱいを吸ってもらいましょう。胸に刺激を与え、お乳の出をよくするためにも、1日に最低8回の授乳が必要です。

●もう一方のおっぱいを与える前に、必ず最初のおっぱいが空になっていることを確認しましょう。こうすることで、もっとお乳を製造するように信号が出されます。

Q　友人は母乳が出始めたころ、痛みで苦しんでいました。おっぱいの張りによる痛みを和らげるために、何かできることはありますか。

A ●頻繁に赤ちゃんに授乳をして、日中は授乳間隔が3時間以上あかないように気をつけましょう。夜中の授乳間隔も4～5時間以内に抑えてください。
●授乳の前に温かいお風呂に入ったり、お湯に浸したタオルを胸に当てると、母乳の流れをよくする効果があります。少量のお乳を優しく手でしぼると、赤ちゃんがおっぱいに吸いつきやすくなります。
●湿ったタオルを冷蔵庫で冷やし、授乳のあとに胸に当てると、血管が収縮し、腫《は》れを抑える効果があります。
●外側から2枚目のキャベツの葉を冷蔵庫で冷やし、授乳と授乳の間に胸に当てて、その上からブラジャーをしてみてください。
●胸をしっかりサポートするサイズのぴったり合った授乳用のブラジャーを着けるようにしましょう。脇の下部分がきつすぎず、乳首を押しつぶさないものを選んでください。

Q 友だちの多くは痛みに耐えられず、母乳育児をあきらめてしまいました。

A ●母乳育児を始めたばかりで痛む場合は、授乳のときの赤ちゃんの抱き方が正しくないケースがほとんどです。赤ちゃんが乳首の先端を噛《か》むことになってしまうと、かなりの痛みを感じるうえ、乳首は傷ついて、赤ちゃんも十分に飲めないまま授乳が終わってしまいます。赤ちゃんはすぐにお腹がすいておっぱいを欲しがり、また乳首を傷つけることになる、という悪循環に陥ります。

●必ず赤ちゃんのお腹とママのお腹をくっつけるように抱っこしましょう。乳首全体はもちろん、乳輪もできるだけたくさんくわえられるように、赤ちゃんの口が十分開いているのを確認してください。赤ちゃんの位置が正しいのはもちろん、あなたがゆったりとイスに座っていることも重要です。イスには、赤ちゃんを抱いている腕を支えるために、クッションを置けるアームがあると理想的です。腕を乗せておく場所がないと、赤ちゃんを正しい位置に抱え続けるのはかなり大変です。位置がずれると、赤ちゃんが乳首を引っ張ることになってママは痛みを感じるでしょう。

Q 生後3週間の赤ちゃんがいます。一度の授乳でおっぱいを両方あげるように言う人と片方だけで十分だと言う人がいて、混乱しています。

A ●あなたの赤ちゃんの様子をよく見て決めましょう。片方の胸から飲むだけで、その後3〜4時間は機嫌がよく、1週間に180〜240グラム体重が増えているようであれば、片方だけで明らかに十分です。

●授乳後2時間もするとお腹がすきだして、夜中も二度以上目を覚ましてしまうようであれば、もう片方のおっぱいも与えたほうがいいでしょう。お乳の出が一番悪くなる夕方ごろの授乳のときだけでも、両胸から授乳する必要があるかもしれません。

Q　授乳中は特定の食べ物を避ける必要がありますか。

A　●妊娠中と同様、種類が豊富でヘルシーな食事を心がけてください。それに加えて、食間に健康的なおやつを少しだけ食べて、活力を保つようにしましょう。

●鶏肉、赤身のお肉、またはお魚を180グラム以上摂取するようにしてください。ベジタリアンの人は同程度の豆類かお米を食べるようにしましょう。ママがたんぱく質を十分摂取していない日は、いつもよりも赤ちゃんの機嫌が悪くなることが多いような気がします。

●ある研究では、乳製品が原因でコリックになる赤ちゃんもいると指摘されています。あなたの赤ちゃんがコリックを患《わずら》っている場合は、乳製品の摂取について小児科の先生と話し合ってみるといいかもしれません。

●アルコール、人工甘味料、カフェインは避けるべきです。カフェインはコーヒーだけでなく、紅茶やソフトドリンク、チョコレートにも含まれているということを覚えておいてください。これらのものはすべて、赤ちゃんのお腹の調子を悪くする可能性があります。

●ママがイチゴ、トマト、マッシュルーム、玉ねぎ、フルーツジュースを大量に摂取すると、怒りやすくなる赤ちゃんが多いようです。これをすべて食事からはずせとは言いませんが、赤ちゃんがお腹の痛み、下痢、過度のおなら、それに異常に泣きじゃくるといった症状を示した場合は、その12～16時間前に摂取した食事と飲み物の記録をすべて残しておくことをおすすめします。
●中東とアジアで働いていたときのことですが、母乳をあげているママたちは、通常よりも味の薄い食生活を心がけて、極端にスパイスの効いたお料理は食べないようにしているようでした。おそらく最初のうちは、カレーなどの食事は避けたほうが賢明でしょう。
●授乳中はアルコール（特に蒸留酒）は避けたほうが望ましいのですが、少量のワインやビールであれば、夜中になかなかリラックスすることのできないママには有益だとする専門家もいます。

Q　生後2週間の赤ちゃんがいます。おっぱい欲しさに泣きながら目を覚ましますが、5分もお乳をあげているとまたすぐに眠り込んでしまいます。しかしその2時間後にはまたおっぱいを欲しがるのです。もうへとへとです。

A　●授乳をする前に、必ず赤ちゃんの目を完全に覚ますようにしてください。ベビーベッドの中でおくるみを脱がせ、洋服から足を出して、肌に冷たい風をあててください。赤ちゃんが自然に目を覚ますまで待ってあげましょう。
●いつも眠ってしまう赤ちゃんは、授乳中に暖かくしすぎないことが肝心です。厚着はさせず、お部屋も暖めすぎないようにしてください。プレイマットをあなたの隣に置いて、赤ちゃんが眠りそうになったらすぐにプレイマットに移動させましょう。必要であれば、お洋服を脱がしてみてください。これで伸びやキックがしやすくなります。数分もすれば、赤ちゃんは床に置かれたことに不満を示してぐずりだしますので、もう一度抱っこして、同じ胸からさらに数分授乳を続けてください。この作業を2～3回繰り返さなければいけないかもしれません。最初のおっぱいから20分飲ませたら、げっぷをさせて、おむつを替えてあげましょう。お乳がまだ最初の胸に残っている場合は、もう一度同じ方から飲ませてください。空の場合は、もう片方のおっぱいに切り替えます。

●午後10時30分の授乳のときに粉ミルクを使っていない場合は、朝のうちにいくらかお乳を搾乳して、パパに夜10～11時の授乳を代わってもらうのもいいでしょう。そうすればママも一晩のうちに少なくとも数時間は続けて睡眠をとることができます。

Q 息子は生後4カ月です。ここ2週間ほど、授乳をするのがどんどん大変になってきました。夜中の授乳は11週ごろにはなくなりましたので、午後10時30分の授乳のあとには一晩中何も飲んでいないにもかかわらず、午前7時の授乳にあまり興味を示さず、60㎖しか飲みません。その後午前11時の授乳まで、泣いたり泣きやんだりを繰り返します。午前11時より前にミルクをあげると、ランチタイムのお昼寝でよく眠らず、1時間もするとお腹がすいて起きてしまいます。そのときに授乳をしてしまうと、その後の午後の授乳がすべて狂ってしまいます。

A

●午前7時の授乳に興味を持たせるには、午後10時30分の授乳量を減らしてみてください。おそらく離乳食が始まるまで、この時間に多少授乳をする必要はありますが、90～120mlになるまで少しずつ量を減らして、午前7時の授乳時に飲みたがるかどうかを見てみましょう。この方法で7時の授乳量が増えるようであれば、90～120mlになるまで夜の量を減らし続けてください。

●午前7時に飲む量が改善するまでは、午前11時よりも早くミルクをあげる必要があるでしょう。おそらく10時15分までには授乳をしなければいけませんが、その後11時15分～11時30分前後にミルクを少し足してみてはどうでしょう。こうすることで、ランチタイムのお昼寝でよく眠れるほど十分にお腹は満たされるはずです。

●成長期が訪れると、朝の授乳のときのミルクの飲み方が速くなるのに気づくと思います。それどころか、お腹をすかせて朝早く起きるようになるかもしれません。この場合は、午前7時まで眠るように、午後10時30分の授乳を以前の量まで増やしてください。これを1週間ほど続けなければいけないかもしれませんし、離乳食が始まるまで量が増えたままかもしれません。しかし朝の授乳でまた飲みむらがでてきたら、もう一度午後10時30分の量を減らしてください。

第4章　睡眠について

子育てをするうえで一番誤解しやすく、また混乱しやすいのは、おそらく睡眠に関する問題でしょう。私が見てきた赤ちゃんの大多数は、生後8週から12週の間に午前6時～7時まで夜通し眠るようになりました。それより早く夜通し眠るようになった赤ちゃんもいれば、夜中の授乳がもっと長く必要だった子もいました。私はあなたの赤ちゃんを個人的に知っているわけではないので、いつになったら夜通し眠るようになるかという個別の質問にはお答えできません。というのも、それにはたくさんの要因がからんでくるからです。例えば、未熟児だった場合や、赤ちゃんが1カ月過ぎまでスケジュールを始めなかった場合などは、夜通し眠るようになるのにもっと時間がかかるかもしれません。

ここで覚えておかなければいけない大事なポイントは、あなたが達成しようとしているのは、赤ちゃんに規則正しい睡眠パターンを身につけさせることだという点です。夜はすんなり就寝し、午後10時30分の授乳後は再び寝ついて、夜中の授乳で一度は目を覚ましても、授乳がすんだらそのまま午前6時～7時まで目を覚まさない、という睡眠パターンです。

この本で示されたガイドラインを守り、必要なときは赤ちゃんの個々のニーズに合わせてスケジュールを微調整すれば、赤ちゃんの準備が心身ともに整った時点で夜中の睡眠時間が延びてくるはずです。

これを達成するための鍵は、根気強く一貫した姿勢で取り組み、スケジュールが定着するまでの時間を見込んでおくことです。そうすれば、多くの人が経験してきた何カ月にも及ぶ睡眠不足の日々に悩まされることはないでしょう。

小さいうちから赤ちゃんが夜通し眠るようにし、健康的な睡眠習慣を維持するための大原則は、①**赤ちゃんに「ねんねの時間」として覚えさせる「サイン」を正しいものと関連づけること**、そして②**産院から家に戻ってきたその日から赤ちゃんの授乳時間を管理すること**です。多くの赤ちゃん本や一部の病院スタッフは、新生児のときは赤ちゃんが欲しがるときに何度でも、何分でもおっぱいをあげる「ディマンド・フィード」と呼ばれる方法で授乳をするようにアドバイスしています。「赤ちゃんの不規則な睡眠と授乳時間は当然のものとして我慢しましょう。3カ月目ごろには楽になります」というのです。

1999年に初めて本を出版してからというもの、私のもとには絶え間なく、困りきった母親たちからの電話やメールや手紙が来ました。彼女たちの子どもは生後3カ月から3歳くらいで、みんな睡眠や授乳に関する深刻な問題を抱えていました。それだけでも、3カ月までには自然と赤ちゃんの生活リズムが整うという説が誤りだということがわかると思います。たとえ赤ちゃんが自分のリズムを見つけ出したとしても、それが家族の他のメンバーの生活パターンと合っていることはほとんどないでしょう。

生後3カ月目ごろには赤ちゃんも夜通し眠れるようになるという点で何人かの専門家の意見は一致していますが、赤ちゃんをそこまで導いてあげることの重要性はあまり言われません。何もわからず疲れきったママは、3カ月目に状況が奇跡のように改善すると信じています。しかし、赤ちゃんがお昼寝と夜の睡眠の違いを学ばなければ、つまり、親が授乳スケジュールの組み立て方を理解していなければ、そんなことはまず起こらないでしょう。赤ちゃんがお腹をすかせて夜じゅう2時間おきに目を覚ましてしまうのを防ぎたければ、日中に少しずつ頻繁におっぱいをあげるのが不可欠なのです。

新米の親たちに、いまだに矛盾したアドバイスが与えられているのは理解に苦しみます。新生児のころは1日に8〜12回の授乳が必要だと言われながら、同時に日中の授乳と授乳の間に何時間も眠らせておくように言われるのです。午前6時から午後6時の間の授乳回数が4回以下では、足りない分を補うために赤ちゃんが夜中に何度も目を覚ましても不思議はありません。

睡眠と「ディマンド・フィード」の関係

赤ちゃんが飲みたいときに飲ませる「ディマンド・フィード」という言葉が頻繁に使われ、「小さいときから赤ちゃんをスケジュールにはめ込むと、必要とされる栄養を十分摂取できないばかりか、場合によっては精神的にも悪影響がある」という誤解を生む原因になっています。

残念ながら、赤ちゃんとママが病院を退院する前に、夜中に眠れなくなるような生活パターンができあがっていることが多いようです。日中に何時間も眠らせているせいで、夕方から夜にかけては断続的に、そして深夜は2時間おきに授乳する必要が生じ、そうなると赤ちゃんが夜中にほとんど目を覚ましているせいで日中、長時間眠るようになる、という悪循環が始まってしまいます。しかし、このような睡眠と授乳の形は多くの専門家によって推奨《すいしょう》されています。というのも、彼らはこと授乳に関しては赤ちゃんが主導権を握るべきだと考えているからです。眠っている赤ちゃんを起こすのは「有害」であるとまで言いきり、私のそのようなアドバイスに反対する専門家もいます。これがまったくナンセンスだということは、たくさんの双子や未熟児のお世話をしてきた経験からもわかります。そのような赤ちゃんのお手伝いをしたときに、病院のスタッフが授乳の時間を決めてスケジュール管理していたのを目にしました。眠ってばかりのとても小さな赤ちゃんの命を救うには、少しずつ頻繁に授乳をする必要があるため、病院スタッフは授乳の間隔があかないように細心の注意を払っていました。この経験が、私の方法論を確立する上でたいへん役に立ったのです。

母乳は、「赤ちゃんが欲しがる分だけ製造される」という需要と供給の原則に基づいてつくられるため、ディマンド・フィードで育てられている赤ちゃんは2～3週間もすると、夜だけでなく日中も2時間おきにおっぱいを欲しがるようになります。これはそれまでの授乳パターンが母乳の出方に影響を与えたせいです。また授乳頻度が高いせいで、赤ちゃんがおっぱいを飲みながら眠ってしまうことが多くなり、これがしばしば長期的な睡眠の問題に発展する可能性があるのです。

2～3時間おきの授乳のせいで疲労困憊《こんぱい》した多くの親が、赤ちゃん専門の睡眠クリニックを訪れたり本を読んだりすると、自分たちが今までやってきた方法がすべて間違いだったと知らされます。つまり「授乳する」「抱っこして揺らす」「背中をトントン叩く」といった行為を睡眠と関連づけてしまったために、赤ちゃんがきちんと眠れなくなってしまったのです。

赤ちゃんがよく眠るかどうかは、①授乳がどれくらいうまくいっているか、そして②赤ちゃんが眠りを何と関連づけているか、にかかっています。赤ちゃんが健康的な睡眠習慣を身につけられるように、ママが授乳時間を管理するだけでなく、赤ちゃんの睡眠のリズムを理解して正しい「ねんねのサイン」を覚えさせることが大切なのです。

睡眠のリズムを理解していれば、それぞれの赤ちゃんのニーズに合うようにスケジュールを修正する場合や、スケジュールどおりに進めることができないときにも役に立ちます。

睡眠のリズム

生後数週間は、新生児は1日のおよそ16時間を眠って過ごすというのが一般的な見解です。そしてこれが長い眠りと短い眠りに分かれています。最初のうちは、授乳は少しずつ頻繁にする必要がありますが、これが睡眠のリズムと密接に関連しています。おっぱいをあげ、げっぷをさせて、おむつを替えていると、1時間かかってしまうこともあり、その後赤ちゃんはすぐに深い眠りに落ちます。お腹がいっぱいになっていれば次の授乳まで目を覚まさないでしょう。24時間のうちに、6~8回の授乳がそれぞれ45分から1時間あると、赤ちゃんは1日におよそ16時間眠っている計算になるわけです。

しかし通常3週目から4週目の間に、赤ちゃんはもっと活発になって、授乳のあとそのまま深い眠りにつくことはなくなります。この時期に睡眠のリズムが狂い、間違った「ねんねのサイン」が身についてしまうことが多いのです。つまり、赤ちゃんは授乳後はすぐに眠るものだと信じ込んでいるパパとママが戸惑って、赤ちゃんの眠気を誘おうと、おっぱいをあげたり、抱っこして揺らしたり、おしゃぶりをくわえさせたりしてしまうのです。これくらいの時期に睡眠ステージがはっきり分かれてくることに気がつかないのです。

成人のように、赤ちゃんもまず浅い睡眠からレム睡眠と言われる夢を見ているときの睡眠状態に入り、その後深い眠りに入ります。このサイクルが赤ちゃんは大人よりも短く、だいたい45分から1時間で1サイクルします。浅い睡眠に戻ったときにモゾモゾ体を動かすだけの赤ちゃんもいれば、完全に目を覚ましてしまう子もいます。ちょうど授乳の時間であれば特に問題はありません。しかしそれが授乳後たったの1時間で、赤ちゃんがもう一度自分で眠りにつけない場合にいつも前述の方法で赤ちゃんを寝かしつけていると、この先何カ月にも及ぶ大問題に発展してしまう可能性があります。最近の研究によると、赤ちゃんは夜間、ほぼ同じ回数だけ浅い眠りに入って目を覚ましています。寝かしつけられるのに慣れてしまった眠り下手の赤ちゃんだけが、自分で深い眠りに戻ることができないのです。

小さなころからよい睡眠習慣をつくりあげるには、間違った「ねんねのサイン」を刷り込まないことが重要です。私のスケジュールは、赤ちゃんが、おっぱいをよく飲み、疲れすぎたり誤った「ねんねのサイン」を身につけたりすることがないように組み立てられているのです。

就寝時間の定着

赤ちゃんが夜通し眠ることができるようになるには、毎日同じ時間に就寝し、午後7時から10時の間にぐっすり眠ることが重要です。午後6時の授乳でしっかりおっぱいを飲み、7時から10時の間によく眠れれば、10時には心身ともにリフレッシュして目を覚まし、おっぱいをたっぷり飲む準備もできているはずです。

就寝時にスムーズに寝つくのを習慣づけるには、他にも要因があります。まず、午後5時～6時15分の授乳時にお腹をすかせて全量を飲みきるように、日中の授乳や睡眠時間を管理すること。また、午後7時には眠る準備ができているように、昼間赤ちゃんが十分目を覚ましていることです。

就寝時間に苦労しているママたちからたくさんの電話やメールが来ます。就寝前の授乳でおっぱいを飲んだり飲まなかったりという飲みむらがあると、夜10時30分の授乳のときにあまりお腹がすいていないという悪影響が出やすくなります。そうなると赤ちゃんは午前1時ごろ目を覚ますことになり、その後もたいてい午前4時～5時にお腹をすかせて起きてしまうのです。また、夕方に長時間寝かせてしまうと、たとえたくさんおっぱいを飲んでも、午後7時に寝つかせるのは難しいでしょう。夜中に赤ちゃんをぐっすり眠らせるための鍵は、日中の行動が握っているのです。

毎週180～240グラムずつ体重が増えていれば、その赤ちゃんは順調に成長しており、それにつれて、一度の授乳で飲める量が増え、授乳間隔も延びてくるはずです。授乳間隔が開くのは、できれば午後7時から10時の間か、午後10時30分あるいは夜中の授乳のあとでなければいけません。

これは何もしないで自然にそうなるとは限らず、大変かもしれませんが、日中は月齢に合わせて推奨されている授乳時間に赤ちゃんを起こして授乳しなければいけません。しかし常識的に考えても、赤ちゃんが日中に一定の間隔でおっぱいを飲んでいれば、成長とともに昼間飲める量が増えて、夜中の授乳の必要が減ってくるはずなのです。

可能なときは必ず午前7時にスケジュールをスタートして、示されている時間を守るように心がけてください。そして決められた時間に赤ちゃんにしっかり全量を飲ませて、その後しばらくは赤ちゃんを起こしておいてください。こうすれば、午後7時の就寝を習慣づけるのに役立ちます。赤ちゃんがしっかりおっぱいを飲み、7時にはすんなり眠りについて10時までぐっすり眠るようであれば、1日の最後の授乳のあとに長時間眠り始める可能性が高くなります。

とても小さな赤ちゃんは疲れるのも早いので、就寝の準備を遅くとも午後5時30分には始めてください。その日のお昼寝で赤ちゃんがあまりよく眠らなかった場合は、もう少し早める必要があるかもしれません。赤ちゃんが興奮しすぎないように、お風呂の時間は静かに落ち着いた雰囲気で行うようにしてください。お風呂を出たあとは、目を合わせたり話しかけたりするのも控えましょう。赤ちゃんが眠り込んでしまう前に素早くベビーベッドに移せるように、就寝前の授乳は必ず赤ちゃんが眠る部屋で、薄明かりの中で行うようにしてください。

これを実行するのは確かに大変ですが、話が聞けたパパやママは、最初のころの頑張りが報われたと口をそろえて言います。赤ちゃんは夜中にどんどん長く眠るようになり、最終的には朝の7時という魔法のような時間まで夜通し眠るようになるのですから。

睡眠に関するQ&A

Q　どうしたら昼間ではなく夜中に長時間眠るようにできるのでしょうか。

A　●私のスケジュールを試してみてください。そしてスケジュールは必ず朝7時からスタートしましょう。午後11時の就寝時間までにすべての授乳タイムを組み込むには、朝7時より遅くては十分な時間がとれません。

●午前7時から午後7時の間に、最低でも6~8時間は赤ちゃんを起こしておくように努力しましょう。

●授乳やお風呂以外の「遊びの時間」が2時間あります。この間はできるだけ長い間目を覚ましておくようにしてください。午前7時から午後7時の間に合計8時間目を覚ましていれば、夜中に長時間眠ることが多いようです。

●眠っている時間と目を覚ましている時間をしっかり区別させるようにしてください。最初の数週間は、赤ちゃんが眠るときには、必ず暗いお部屋に連れて行きましょう。

●夜7時から朝の7時の間の「夜中の授乳」のときは、赤ちゃんに話しかけたり刺激を与えすぎたりしないように気をつけてください。

Q　スケジュールを守ろうと頑張っているのですが、生後4週間の息子は授乳のあとは長くても1時間しか起きていられません。もっと長く起こしておくには、どうすればいいでしょう。

A　●授乳が順調で、赤ちゃんの体重も1週間に180～240グラムずつ増えていて、夜中の授乳と授乳の間にぐっすり眠り、日中目を覚ましているときに元気な子であれば、きっとあなたの赤ちゃんは眠るのが好きなタイプなのでしょう。
●夜10時30分の授乳で十分お乳を飲んでいるのに、夜中に三度以上目を覚まし、いったん起きると1時間以上目を覚ましている場合は、昼間赤ちゃんにもう少し刺激を与えて遊んであげるようにしてください。
●10時30分の授乳はできるだけ静かに行われなければいけませんが、生後3カ月未満の赤ちゃんの場合は45分間ほど眠らせないようにする必要があります。このときの授乳で赤ちゃんがウトウトしていると、間違いなく午前2時～3時ごろ再び目を覚ましてしまいます。

Q　起きているべき時間帯に生後4週間の娘を連れてお出かけすると、あっという間にベビーカーの中でウトウトしてしまいます。そうすると眠りすぎになってしまうのですが。

A　●最初の2カ月は、お出かけする時間を赤ちゃんのお昼寝時間に当ててみてください。8

週目ごろには、車やベビーカーでお出かけするときにも、長めに起きていられるようになっているはずです。

Q　生後4週間の赤ちゃんが、突然夜の9時に目を覚ますようになってしまいました。授乳をすると、次は午前1時と5時に目を覚ましてしまいます。夜10時まで持ちこたえさせようとしましたが、そうすると疲れてきちんとおっぱいを飲まないために、結局また夜中に目を覚ましてしまいます。どうしたらよいのでしょう。

A　●生後1カ月くらいになると、浅い眠りと深い眠りがはっきりと分かれてきます。午後9時ごろになると浅い眠りに入る赤ちゃんがたくさんいるようなので、寝室の周りで大きな物音を立てたりママの声が聞こえたりすることがないように注意してください。

●母乳育ちの赤ちゃんは、午後6時の授乳のあとに搾乳しておいたお乳を足す必要があるかもしれません。

●午後9時に授乳をしなければいけない場合は、片胸、または60mlほどを与えて寝かせてみましょう。その後、午後10時30分の授乳を11時30分にずらしてください。うまくいけば必要量を飲みきって、午前3時30分まで眠ってくれるでしょう。

Q　いつも夜10時30分の授乳のために生後10週の赤ちゃんを起こしているのですが、90～120ml

飲むだけで、その後また朝の4時に目を覚ましてしまいます。この最後の授乳をやめて、それなしで午前4時まで眠り続けるかどうか試してみてもいいでしょうか。

A

●10時30分の授乳をやめるのはおすすめできません。なぜなら、赤ちゃんはおそらく午前1時と5時の2回、目を覚ましてしまうからです。

●赤ちゃんがしっかり掛けシーツに包まっているのを確認してください。カバーがきちんとかかっていたら、そのまま5〜10分様子を見ましょう。私はその後お水を少し飲ませて眠らせます。お水を飲んで満足して眠るようであれば、飲まなかったお乳（ミルク）の分は日中に埋め合わせるはずです。これくらいの月齢ですと、日中にお乳を飲む量が増えれば、夜の授乳が必要なくなるほど影響がでるものです。もしもお水で寝つかないようであれば、少しだけお乳を与えて、また2週間後にお水を試してみましょう。

第5章　赤ちゃんの生活スケジュールを整えるには

　私のスケジュールでは、すべての赤ちゃんの個々のニーズにきちんと応えられるように、1年間の成長に合わせて授乳や睡眠の時間が細かく変わります。ですから、スケジュールを始める前に、授乳や睡眠についてよく理解することがたいへん重要です。そうすることによって、おっぱいをよく飲みぐっすり眠るハッピーな赤ちゃんに育てるために、スケジュールをどう実践するのが一番よいかがわかるでしょう。

　出産直後は新生児向けに書かれたアドバイスに従い、赤ちゃんが出生時の体重に戻って授乳の間隔を少しあけても大丈夫そうになったら、2～4週目の赤ちゃん用のスケジュールに移ってください。徐々に授乳間隔が開きだし、起きている時間も長くなってきたら、次のスケジュールに移行します。月齢どおりのスケジュールがあなたの赤ちゃんに合っていなくても、どうか心配しないでください。赤ちゃんに合ったスケジュールを選んでやり通し、機嫌がよく、授乳間隔や日を覚ましている時間が長くなる兆しが見られたところで、次のスケジュールに移ります。

すでに「ディマンド・フィード」やその他の睡眠リズムができあがってしまっている赤ちゃんに私のスケジュールを試してみようという場合は、一度すべてのスケジュールに目を通して、今の生活リズムに一番近そうなものを選んで当てはめてみるのがいいでしょう。少しの間そのスケジュールを試してみて、赤ちゃんが機嫌よく時間どおりに食事やお昼寝をするようであれば、次の段階にステップアップしてもいいでしょう。その後赤ちゃんの月齢に合ったものに到達するまで、順番にスケジュールをこなしていってください。

夜通し眠るようになるには少し時間がかかるかもしれませんが、夜中の授乳を一度に抑えながら、数週間かけて最後の授乳の時間から徐々に眠る時間を延ばしていけるように頑張ってください。赤ちゃんが夜中に長めに眠り始めても、うまくいかなくなることもありますので、授乳の時間はしっかり管理してください。特にスケジュールに厳格すぎると問題が起きることもあるようです。状況にフレキシブルに対応するのが「ジーナ流生活スケジュール」のキーポイントだということを覚えておいてください。そして、赤ちゃんの体が耐えられる以上に無理をして、授乳の間隔を広げようとは決してしないでください。

授乳の時間

小さな赤ちゃんは起きている間のかなりの時間を授乳のために費やしています。夜中に必要以上に授乳をしなくてもよいように、日中の授乳時間をきちんと決めて習慣づけることが大切です。すでに説明したとおり、お乳の出をよくするためには、出産直後から赤ちゃんに少しずつ頻繁におっぱいをあげなければいけません。私のスケジュールがうまくいくかどうかは、赤ちゃんを授乳のために起こし、授乳と授乳の間隔が長くあきすぎないようにできるかどうかにかかっているのです。はじめのうちは3時間おきの授乳リズムを定着させるようおすすめします。この3時間という間隔は、授乳を開始した時間から次の授乳の開始時間までで計ってください。もちろんこの時間よりも前に赤ちゃんがおっぱいを欲しがったら授乳をする必要があります。しかしおっぱいの出が安定したあとにもその状態がずっと続くようであれば、どうして赤ちゃんが次の授乳時間までお腹が持たないのか、その理由を考えてみるのが大切です。母乳の場合は、二番目の胸から少し長めに飲ませる必要があるかもしれません。粉ミルクの場合は、1日に数回、授乳のときに30 mlほど多めに飲ませてみてください。

生まれてすぐに「授乳の時間」「眠りの時間」「遊びの時間」の区別をつけることがとても大事です。授乳しながら赤ちゃんにずっと話しかけたり刺激を与えすぎたりすると、少し飲んだだけでおっぱいに興味がなくなることがあります。そうなるとひとりでは寝つけなくて、結局おっぱいをあげながら寝かしつけることになり、これはゆくゆく睡眠の問題につながる恐れがあります。また授乳中は長電話を避けましょう。

特にはじめのうちは、赤ちゃんが十分おっぱいを飲めるように胸の正しい位置に抱きかかえているかどうか注意してください。ロッキングチェアなどで、おっぱいをあげながら赤ちゃんを揺らすと、眠りの時間と勘違いするかもしれないので気をつけてください。授乳中に眠くなってしまうとおっぱいの飲みが悪くなり、またすぐに授乳しなければいけなくなります。また、眠くなってしまうと飲んだものを吐き出しやすくなる場合があります。

「ジーナ流生活スケジュール」の目的は、赤ちゃんの飲む量が増えてきたところで、お昼寝の時間と合わせて日中の授乳量と授乳時間を管理することなのです。こうすることで、赤ちゃんが心身ともに準備ができ次第、昼間ではなく夜中に長時間眠るようになります。

眠りの時間

赤ちゃんが心も体も成長するためには、十分な睡眠をとるのが必要不可欠です。適量の睡眠がとれていないと赤ちゃんは機嫌が悪くなり、いつも疲れている赤ちゃんには効率よく授乳することができないので、結局ちゃんと眠ることもできなくなります。前にも述べたように、赤ちゃんがまだ小さいころは、疲れることなく連続で目を覚ましていられるのは2時間が限度だということを覚えておいてください。2時間以上起きていると疲れすぎて、次のお昼寝のときに長めに眠る必要がでてきます。こうなると、その後のスケジュールにも遅れが出て、結局夜中の睡眠がうまくいかなくなってしまうのです。小さいうちは、授乳のあとに1時間しか起きていられない子もいますが、これは長めに眠る必要がある赤ちゃんなら普通のことです。

あなたの赤ちゃんが普通よりも眠たがりの赤ちゃんかどうかを見極めるには、夜中の睡眠の様子をチェックすればわかります。日中は一度に1時間ほどしか起きていられず、就寝のときにはすんなり寝ついて、夜の授乳のときもおっぱいを飲んだらすぐ再び眠りに戻るようであれば、その赤ちゃんは他の子よりも長く睡眠が必要な赤ちゃんだということになります。そのような赤ちゃんでも時間がたてばもっと長い時間起きていられるようになるでしょう。しかしそれにはママがお膳立てをしてあげなければいけません。できるかぎり、お昼寝のときは寝室で寝かせ、目を覚ましているときには明るく周りに人がたくさんいるようなにぎやかな場所に連れて行くように心がけましょう。赤ちゃんがいつ眠り、いつ遊べばよいのかを学べるように、お昼寝の時間と遊びの時間にメリハリをつけてあげてください。

しかし、日中は一度に1時間ほどしか起きていられないのに、夜中になると数時間目を覚ましていられる赤ちゃんであれば、昼夜が逆転している可能性があります。そのような場合は、日中に赤ちゃんがもっと起きていられるようにはたらきかけましょう。赤ちゃんは物事を関連づけで学んでいきますので、最初のころから「授乳の時間」「遊びの時間」「スキンシップの時間」、そして「眠りの時間」を区別できるように、それぞれの時間を正しい「サイン」と結びつけて覚えさせるのが重要なのです。

また、2時間機嫌よく目を覚ましていたかと思ったら、次の日には1時間で疲れてしまうというようなこともときにはあるかと思います。これは赤ちゃんの月齢が低いときには、極めて普通のことです。ですからスケジュールにも、「このあと2時間目を覚ましていなければいけません」という表現ではなく、「このあと最長2時間は目を覚ましておいてもらいましょう」と書かれています。

私のスケジュールを実践しながら、次のガイドラインに従えば、赤ちゃんが健康的な睡眠習慣を身につけるのに役立つはずです。

- 日中の授乳のあとは、短い間でもなるべく赤ちゃんの目を覚ましておきます。
- 夕方にあまり長い時間寝かせるのはやめましょう。
- 午後3時15分以降はおっぱいをあげないようにしてください。就寝前の授乳がうまくいかなくなります。
- 毎晩同じ時間に同じ流れで寝かせてください。就寝前の数十分は、寝室にお客さまなどを入れて興奮させることがないようにしてください。

●お風呂のあとは、赤ちゃんと遊んで刺激を与えすぎるのはやめましょう。
●ゆらゆら抱っこをしながら腕の中で赤ちゃんを眠らせるのはやめましょう。赤ちゃんが寝入ってしまう前に、ベビーベッドの中で寝かせるようにしてください。
●寝つかせるためにおしゃぶりを使う場合は、赤ちゃんをベビーベッドに下ろす前にはずしてください。
●授乳中に眠り込んでしまったら、ベビーベッドに寝かせる前にほんの少しだけ目を覚ましてあげましょう。

遊びの時間

どんな赤ちゃんでもママに抱っこされたり、一緒にお話をしたり、歌を歌ってもらうのが大好きです。たとえ生後間もない赤ちゃんでも、簡単な本や面白そうなおもちゃを見ているのを好むという研究結果もあります。これらのおもちゃは、正しいタイミングで遊ばせてあげるのが大切です。一番よい時間は目を覚まして1時間ほどたったころで、お腹のすいていない時間です。お昼寝の20分前になったら、決して遊んだり興奮させすぎたりしてはいけません。眠る前の赤ちゃんには静かな時間が必要です。

ベビーベッドの中にいるときに、どのおもちゃで遊ばせるかには特別な注意を払いましょう。

おもちゃと本を「遊び用」と「リラックス用」に分けておくと便利です。ベッドメリーや色鮮やかなプレイマット、それに布でできた白黒の絵本などは、「遊びの時間」に赤ちゃんの興味を短時間惹《ひ》きつけるのにとても優れています。物や顔が大きく描かれたポストカードやポスターも同様です。このようなおもちゃを「遊びの時間」のときだけ使用して、あまり刺激を与えすぎない別のおもちゃを「リラックス用」に2～3個用意しておくといいでしょう。

赤ちゃんの集中力が持続する時間はとても短いので、遊びの時間に絶えず話しかけたりかまったりしていると、赤ちゃんが興奮しすぎてしまうことがよくあります。その子にどれくらい刺激を与えても大丈夫かは、赤ちゃんからの合図をキャッチして判断してください。月齢の低いころから、短時間でも自分の体を動かしひとり遊びができるようにお膳立てをしてあげましょう。プレイマットの上やベッドメリーの下に赤ちゃんをひとりで寝かせておくと、抱っこされているときよりも自分で足や体を動かすことができるため、ひとりで遊ぶことも多くなるようです。

スキンシップの時間

赤ちゃんにはたくさんのスキンシップが必要ですが、これは必ず赤ちゃんが必要なときにしてあげるべきで、ママが必要なときではありません。赤ちゃんには大きくなるためのエネルギーが必要なので、小さな体に負担をかけて疲れさせてしまわないように気をつけましょう。どんな赤ちゃんも手をかける必要はありますが、おもちゃではありません。

「遊びの時間」と「リラックスの時間」で抱きしめ方に違いをつけてみてください。「リラックスの時間」に抱きしめるときは目を合わせないようにして、体をピタリと引き寄せるだけにしてみましょう。授乳のときに抱っこしながら赤ちゃんが眠ってしまわないように気をつけてください。１時間ほど目を覚ましていてお腹もすいていなければ、赤ちゃんも少しの間は機嫌よくひとり遊びができるはずです。「遊びの時間」にしょっちゅう抱っこをしていたら、お昼寝の前に赤ちゃんを寝つかせるために抱っこをしても効果がなくなってしまうかもしれないので注意しましょう。

授乳（食事）のスケジュールを理解しましょう

午前6時～7時の授乳

○　夜中の授乳にもよりますが、赤ちゃんはおそらく朝6時から7時の間に目を覚ますでしょう。そうでなければ、午前7時には必ず赤ちゃんを起こしてください。夜通し眠るようになるための秘訣は、赤ちゃんの飲める量が増えてきたところで、午前7時から午後11時の間に１日の必要摂取分を全量飲ませることなのです。

○　母乳かミルクかに関係なく、決められた時間どおりに1日を過ごすための唯一の方法は、午前7時にスケジュールを始めることです。夜通し眠るようになれば、この時間に一番お腹がすいているのは間違いありません。

○　急激に成長する時期には、母乳育ちの赤ちゃんであれば、二番目のおっぱいを長めに吸わせてあげましょう。搾乳《さくにゅう》を続けている場合は、赤ちゃんの必要量に見合うように、しぼる量を30ml減らしてください。搾乳をしていない場合は、お昼寝の時間の前に少しだけおっぱいを足してあげる必要があるでしょう。1週間ほどこれを続ければ、お乳の出がよくなっているはずです。出がよくなっているかどうかは、お昼寝のときに赤ちゃんがよく眠っているか、お昼寝後の授乳にあまり興味を示さないかどうかでわかります。そうなったら、元の授乳パターンに戻るまで、足すおっぱいの量を徐々に減らすこともできます。ミルク育ちの赤ちゃんで、ほぼ毎回ミルクを飲みきっているようなときは、量を30ml増やしてください。

〈7カ月になったら〉

○　シリアルや果物、少量のトースト等の朝食をしっかり食べている赤ちゃんであれば、おっぱい（ミルク）の量を減らすように心がけましょう。ミルクは飲み物用とシリアル用に分けてください。離乳食を食べさせる前に、少なくとも150〜180mlは必ず飲ませるようにしましょう。

○　まだ母乳を続けている場合は、少しずつおっぱいを飲んでいる時間を減らし、それから離乳食を食べさせ、最後にさらに二番目の胸から少しの間おっぱいを飲んでもらいます。お乳を飲む量が減りすぎないように、離乳食の量をあまり増やさないように注意してください。

○　赤ちゃんは離乳食やシリアルに使われるミルクの分を入れて、最低でも1日600mlを3〜4回に分けて摂取する必要があります。

〈10カ月になったら〉

○　ミルク育ちの赤ちゃんなら、ミルクをコップから飲ませるようにしてください。食事を始めるときにミルクを一緒にあげるようにしましょう。150〜180ml飲んだ時点でシリアルを食べさせるようにしてください。その後もう一度残りのミルクをあげてください。

○　コップから飲む分と朝食のシリアルに使う分を合わせて、最低でも180〜240mlは摂取する必要があります。

○　母乳を続けている場合は、まずおっぱい、それから離乳食、その後もう一度おっぱいをあげてください。

○　離乳食やシリアルに使われる分を入れて、1日に最低540ml程度を2〜3回に分けて与えてください。

午前10時〜11時の授乳

○　生後数週間の赤ちゃんであれば、朝6時〜7時の間にお乳を飲んだあとは、午前10時あたりにお腹をすかせて目を覚ますのが一般的です。もし目を覚まさなければ、起こしてあげてください。午後11時から午前6時〜7時の授乳が一度ですむように、日中に規則正しい授乳パターンを習慣づけるのが目的だということを忘れないでください。

○　生まれたばかりのころは、授乳と授乳の間に4〜5時間お昼寝をする赤ちゃんも多いと思います。それが続くと、母乳・ミルクにかかわらず、赤ちゃんが昼間飲めなかった分を夜中に埋め合わせしようとするため、夜中の授乳回数が増えてしまいます。また脱水症状を引きおこす危険性もあります。

○　生まれてすぐの数週間に日中の授乳回数が少なすぎると、お乳の出をよくしようと思っているママにもマイナスに働くだけです。授乳のために夜中に何度も起きていれば、疲労で母乳の出もさらに悪くなります。

○　生後6週目ごろになると、朝7時の授乳のあとに少々間隔があいても大丈夫になり、午前10時の授乳を徐々に10時30分まで遅らせることができるはずです。しかし朝の5時〜6時に飲んで、その後7時30分に少量を足されている場合、また7時の授乳であまり量を飲まない赤ちゃんの場合は、おそらく10時に授乳する必要があるでしょう。

○　赤ちゃんが夜通し寝ているか、もしくは夜中に飲む量がほんのわずかであれば、午前6時45分〜7時の授乳量が1日で一番多くなるはずです。たくさん飲んでいれば、午前11時ごろまではご機嫌も続き、おっぱいを欲しがることはないでしょう。赤ちゃんが本当にお腹がすく前に授乳をしてしまうと、飲む量が少なく、ランチタイムのお昼寝の時間に眠りが浅くなってしまうこともあります。こうなると、その後の授乳やお昼寝がだんだん前倒しになり、結局翌朝、午前6時かそれ以前に目を覚ますことになってしまいますので気をつけてください。

○ 成長期が来たら、この時間帯の授乳量を増やすことになります。

〈6～7カ月になったら〉

○ 赤ちゃんが朝食を食べ始めている場合は、この時間の授乳を少しずつ遅らせて、最終的には午前11時30分から12時の間に定着させてください。6カ月の終わりごろには、これが1日3回食のパターンになります。そのときは、ミルクの代わりに薄めたジュースやお水をコップから飲ませます。

○ ミルクの量を減らすことがどうしてもできない赤ちゃんもいます。その場合は、解決案が示されている271ページを参考にしてください。

〈7カ月になったら〉

○ ランチのときにたんぱく質を含むバランスのとれた離乳食を食べているようであれば、この時間の授乳はお水か薄めたジュースに切り替えてください。たんぱく質を含む食事と一緒にミルクを飲むと、鉄分の吸収率が50パーセント減ってしまうこともあります。

○　先に水分でお腹がふくれてしまわないように、食事をほとんど食べてから飲み物をあげるようにしてください。

午後2時30分の授乳

○　生後数カ月の間は、午後5時〜6時15分の授乳のときに赤ちゃんにしっかり飲んでもらうために、この時間の授乳量を控えめにしたほうがよいようです。ランチタイムのお昼寝でよく眠らないときや、早めの授乳が必要になりこの時間の授乳で少量を足している場合は例外です。なにかの理由で午前10時の授乳がうまくいかなかったり、時間が早まってしまったときは、それに応じて2時30分の授乳の量を増やして、1日当たりの必要摂取量を確実に飲ませるようにしてください。

○　この時間になると赤ちゃんのお腹がいつもペコペコで、与えた分を飲み干してしまうようであれば、量を控えめにすることなく1回分をすべて飲ませてもかまいません。ただし次の授乳時間に飲む量が減らないことが条件です。

○　母乳育ちの赤ちゃんで、次の授乳までご機嫌がもたないようであれば、長めにおっぱいをあげてください。

〈8カ月になったら〉

○　赤ちゃんが1日に3回きちんと離乳食を食べていて、ランチのときにミルクの代わりにお水か薄めたジュースを飲んでいる場合は、1日に飲まなければいけないミルクの量を3回でカバーできるように、この時間のミルクの量を増やす必要があるかもしれません。

○　しかし午後6時台の授乳の量が減ってしまうようであれば、この時間の授乳は少なめに抑えておいて、足りない分をシリアルや離乳食に使って補うようにしましょう。

○　この時期の赤ちゃんは、朝食のシリアルや離乳食に使われる分も入れて、1日に600mlの母乳（ミルク）を摂取する必要があります。

〈9〜12カ月になったら〉

○　母乳育ちの赤ちゃんも、この時期が来たらミルクをコップまたはトレーニングマグから飲めるようにしましょう。そのため飲む量は必然的に減ることになります。

○　しかし量も減らないうえに、朝と夜の授乳にあまり興味を示さなければ、この時間の授乳を一気に減らしてしまうこともできます。（離乳食やシリアルに使われる分も含めて）1日に540mlの母乳（ミルク）を飲んで、バランスのとれた離乳食を残さず食べているようであれば、授乳をやめてしまってもよいでしょう。

○　1歳になるころには、離乳食・シリアルに使う分を入れて、1日に最低350mlの摂取が必要です。

午後6時〜7時の授乳

○ 午後7時から10時の授乳まで赤ちゃんにぐっすり眠ってもらうには、この時間の授乳でしっかりおっぱいを飲んでもらう必要があります。

○ 生まれてすぐの数週間は、この時間の授乳を午後5時と6時15分の2回に分けるようにアドバイスしています。お風呂の最中に赤ちゃんがぐずらないようにするためです。2週間連続で夜通し眠るようになったら、午後5時の授乳はやめてしまってもかまいません。しかしそうでなければ、この2回の「振り分け授乳」をやめるのはおすすめしません。というのも、6時15分の授乳量が多すぎると、その次の夜の授乳で飲む量が減って、朝早く目を覚ますようになってしまうからです。

○ 午後7時になかなか寝つかない赤ちゃんには、搾乳したお乳を足してあげてください。この時間になると、おっぱいの出が悪くなっているかもしれません。

〈4〜5カ月になったら〉

○ 離乳食を早めに始めている場合でも、この月齢の赤ちゃんにとっては母乳（ミルク）はもっとも重要な栄養源なので、食事の前にまずは授乳するようにしてください。

○　この月齢には、ほとんどの赤ちゃんがおっぱい（ミルク）を飲みきるようになっているはずです。

○　離乳食が始まっている赤ちゃんで、この時間になると疲れが出て、離乳食に加えてミルクを飲みきらせるのが一苦労ということであれば、授乳時間を修正することをおすすめします。まず午後5時30分に母乳（ミルク）の約3分の2を与え、それから離乳食をあげます。お風呂の時間を6時25分ごろに遅らせ、お風呂のあとに残りのおっぱいをあげてください。ミルクの場合は、調乳したてのものをあげられるように、別々に2びんつくっておくのが望ましいでしょう。

○　生後5カ月を超える母乳育ちの赤ちゃんで、離乳食が始まっているのに午後10時30分より前に目を覚ましてしまうようになったら、この時間の授乳で十分にお腹が満たされていないのかもしれません。離乳食をあげる前に、5時30分に両胸を飲ませて、6時15分にお風呂、そしてその後搾乳したお乳かミルクをあげるようにしてください。離乳食が始まっていない赤ちゃんなら、固形物を食べるようになるまで午後5時と6時15分の「振り分け授乳」を続ける必要があるでしょう。

〈6～7カ月になったら〉

○　このころになると、ほとんどの赤ちゃんは午後5時に夕食を食べて、その後母乳（ミルク）を飲みきっているはずです。離乳食が軌道に乗り午後10時30分の授乳がなくなったら、母乳の赤ちゃんの場合は朝早く目を覚まし始めるかもしれません。そのときは午後7時にすんなり寝つき、朝まで眠るように、この時間の授乳で搾乳しておいたお乳を足してあげるようにしましょう。

〈10〜12カ月になったら〉

○　ミルク育ちの赤ちゃんの場合、1歳になったらミルクはすべてコップやトレーニングマグから飲めているようにしましょう。この年を過ぎても哺乳《ほにゅう》びんで授乳を続けていると、ミルクの量が減らず食欲も鈍るため、摂食問題に発展しやすいようです。

○　1歳になるまでにはコップやマグからじょうずに飲めるように、10カ月ごろから赤ちゃんに練習をさせてあげてください。

午後10時〜11時の授乳

○　赤ちゃんが生後2週に入るまでは、この時間の授乳のときに、搾乳したお乳か粉ミルクを哺乳びんであげるように強くすすめています。そうすれば、パパやお手伝いをしてくれる人と授乳の役割を分担することができるうえに、赤ちゃんが大きくなったときに哺乳びんを受けつけないというよくあるトラブルも避けられます。

○　完全母乳で育っている生後3カ月未満の赤ちゃんで、午前2時〜3時の間に目を覚ますのが止まらず、夜中の睡眠時間も延びる気配がなければ、この授乳のときに飲んでいる量が十分ではないせいかもしれません。というのも、このころが1日で一番おっぱいの出が悪い時間帯だからです。

○　完全にミルクに切り替えるより、搾乳したお乳やミルクで不足分を補う方法がよければ、必ず赤ちゃんがおっぱいを空《から》にするまで飲みきっているのを確認してから足すようにしてください。

○　ミルク育ちの赤ちゃんなら、この授乳のときに十分飲んでいるかどうかを確認するのは簡単です。成長期に必ず昼間のミルクの量を増やしていれば、この時間の授乳で180ml以上飲みたがることはおそらくないはずです。しかし生まれたときに4500グラム以上あった赤ちゃんだと、離乳食が始まるまでは、そのミルク量では足りていないかもしれません。

○　1日のミルクの必要摂取量は、81ページを参考にしてください。

〈3〜4カ月になったら〉

○　2週間連続で朝の7時まで夜通し眠ったら、3日おきに午後10時30分の授乳を10分ずつ早めて、午後10時まで繰り上げます。

○　眠る前の授乳で搾乳したお乳を足しても夜中に目を覚ましてしまう完全母乳の赤ちゃんの

場合は、母乳をミルクに代えたがほうがいいか保健師さんに相談してみてください。ほとんどのミルク育ちの赤ちゃんは、1日4～5回の授乳のたびに210～240ml飲んでいるころです。

○ ミルク育ちの赤ちゃんで、この月齢になっても夜通し眠っていないようであれば、この時間の授乳で少し多めに飲ませる必要があるかもしれません。朝の授乳量が減ることになってもかまわないので、30～60mlほど多めにミルクをあげてみましょう。

○ 3～4カ月になると、午後10時～11時の授乳をどうしても嫌がる赤ちゃんもいます。1日に4回十分母乳を飲み、体重の伸びも順調であれば、この時間の授乳をやめてしまうこともできます。しかし、朝目を覚ますのが早くなり、10分たっても再び寝つかないようであれば、お腹がすいているせいかもしれないのでお乳をあげてもいいでしょう。離乳食を始めて軌道に乗るまでは、午後10時30分の授乳を復活させる必要があるかもしれません。

○ 赤ちゃんが一晩に二度（例えば午前2時と5時に）目を覚ますか、午前5時まで眠らない場合は、午後9時45分に赤ちゃんを起こしてみてもいいでしょう。おむつを替えるかプレイマットの上でキックをして遊ばせて、赤ちゃんの目をしっかり覚まさせてください。電気もつけます。午後10時までに授乳を始めて、その後おむつを替えるか遊ばせながら、午後11時まで起こしておきます。午後11時に寝かしつける直前にもう一度お乳（ミルク）をあげてください。この時間に少し長めに起こしておいて、授乳を2回に分けることで、夜中に起きる回数が1回になるはずです。この方法が定着し、夜中の授乳間隔も延びてきたら、午後9時45分に始めていた授乳を午後10時～10時15分に少しずつ遅らせてください。

〈4～7カ月になったら〉

○　1日の必要量を午前7時から午後11時の間に飲んでいれば、最後の授乳から朝まで夜通し眠ることができるでしょう。

○　完全母乳の赤ちゃんの場合、離乳食が始まるまでは午前5時前後までしか眠らないかもしれません。

○　離乳食を始めて3回食が定着したら、この時間の授乳の量は少しずつ減るはずです。これは6～7カ月になった時点での赤ちゃんの離乳食の量によります。赤ちゃんが6カ月になる前に離乳食を始めるようにアドバイスを受けた場合は、この時間の授乳をやめるのは楽なはずです。離乳食開始の推奨月齢である6カ月まで始めなかった場合は、7カ月になるまで、この時間の授乳が必要かもしれません。そのころまでに、日中に十分の量のミルクと離乳食を食べていれば、少しずつ飲む量を減らすことができますし、その後完全にやめてしまうこともできるでしょう。

午前2時～3時の授乳

○　生まれてすぐの週は、おっぱいを少しずつ頻繁に飲ませる必要があるので、赤ちゃんが夜中に目を覚ましたときには、お腹がすいているせいだと判断してお乳をあげましょう。

○ 日中は3時間、夜中は4時間以上、授乳間隔があかないように注意してください。この「3時間」は、授乳を始めた時間から、次の授乳の開始時間までで計ってください。

○ 出生体重まで戻ったら、2～4週目のスケジュールに落ち着き始めるはずです。午後10時～11時の授乳でたっぷり飲んでいれば、午前2時近くまで眠れるでしょう。

〈4～6週間になったら〉

○ 生まれたときに体重が3200グラム以上で、毎週180～240グラムずつ増えている赤ちゃんの場合、以下の条件が整っていれば、夜中の授乳間隔も開いてくるはずです。

▼ 体重が確実に4キロを超えていて、午前7時から午後11時の間の5回の授乳で1日当たりの必要摂取量を飲んでいる。

▼ 午前7時から午後7時の間に合計で4時間半以上お昼寝をしていない。

〈6～8週間になったら〉

○ 体重が4キロを超えていて、毎週180～240グラム増えている赤ちゃんで、午後10時30分の授乳でしっかり飲んでいるにもかかわらず、まだ午前2時と3時の間に目を覚ましてしまう場合は、湯冷ましで寝かしつけてみましょう。赤ちゃんが嫌がるようであればお乳（ミルク）をあげなければいけませんが、第7章を読んで、なぜ赤ちゃんが夜中に長時間眠らないのか、考えられる理由をチェックしてみましょう。

○　湯冷ましでの寝かしつけに成功しても、おそらくもう一度午前5時くらいに目を覚ますと思いますが、そのときはお乳（ミルク）をしっかり1回分あげて、その後朝7時～7時30分にもう一度軽く授乳します。こうすることで、その日の残りの授乳・睡眠パターンを崩さずにすむはずです。

○　1週間もすると、通常赤ちゃんは午前5時近くまで眠るようになり、その後次第に睡眠時間を延ばして、最終的に午前7時まで眠るようになることが多いようです。（午前5時に目を覚ますせいで）午前7時～7時30分に少量を足されているパターンだと、赤ちゃんが次の授乳時間の午前10時45分～11時までお腹が持たないかもしれませんので、まず半分の量を午前10時に与えて、それから残りを通常どおりの時間に飲ませるようにしてください。その後ランチタイムのお昼寝で早く目を覚まさないように、お昼寝の直前に母乳（ミルク）を少し足してあげましょう。

〈3～4カ月になったら〉

○　午後11時までの授乳で1日の必要摂取量を飲んでいる赤ちゃんであれば、母乳育ちでもミ

1年目の授乳時間表

週・月齢	時間
2～4週	2～3 am　6～7 am　10～10:30am　2～2:30pm　5 pm　6～6:30pm　10～11pm
4～6週	3～4 am　6～7 am　10:30～11am　2～2:30pm　5 pm　6～6:30pm　10～11pm
6～8週	4～5 am　7:30am　10:45～11am　2～2:30pm　6～6:30pm　10～11pm
8～10週	5～6 am　7:30am　11am　2～2:30pm　6～6:30pm　10～11pm
10～12週	7 am　11am　2～2:30pm　6～6:30pm　10～11pm
3～4カ月	7 am　11am　2～2:30pm　6～6:30pm　10～10:30pm
4～5カ月	7 am　11am　2～2:30pm　6～6:30pm　10pm
5～6カ月	7 am　11:30am　2～2:30pm　6～6:30pm
6～7カ月	7 am　2～2:30pm　6～6:30pm
7～8カ月	7 am　2～2:30pm　6～6:30pm
8～9カ月	7 am　2～2:30pm　6～6:30pm
9～10カ月	7 am　5 pm　6:30～7 pm
10～12カ月	7 am　5 pm　6:30～7 pm

ルク育ちでも、夜中に一度は長いスパンで眠ってくれるはずです。

◯　午前7時から午後7時の間のお昼寝は、合計3時間以内に抑えてください。

◯　もしも午前4時〜5時前にどうしても目を覚ましてしまい、湯冷ましも嫌がってお乳（ミルク）を飲まなければ寝つかないときは、授乳の正確な時間と量、それにお昼寝の時間を詳細に記録してみましょう。午前7時の授乳であまり飲まない赤ちゃんの場合、夜中に起きるのは空腹のせいではなく、おそらく習慣になってしまっているからでしょう。

◯　母乳育ちの赤ちゃんは、就寝前に十分飲まないと、夜中にお腹がすいて授乳が必要になることもあります。もしもまだ実践していなければ、午後10時30分の授乳のときに、おっぱいのあとにさらに搾乳したお乳かミルクを足してみてもいいかもしれません。

◯　赤ちゃんが夜中に目を覚ますのは、空腹のせいではなく癖になってしまっているせいだと確信できる場合は、体重が順調に増加していて、湯冷ましも拒否するようであれば、赤ちゃんが目を覚ましても15〜20分ほど様子を見てください。放っておけばひとりで眠りに戻れる赤ちゃんもいるのです。

◯　この月齢の赤ちゃんがいまだに夜中に目を覚ましてしまうもうひとつの理由として、体が掛けシーツから出てしまっている場合もあります。掛けシーツがはずれないように、丸めたタオルをマットとベビーベッドの柵《さく》の間に挟みこんでください。

〈4～5カ月になったら〉

生後5カ月になり離乳食も始まっているのに、いまだに夜中に目を覚ます場合は、より注意深く授乳のタイミングやお昼寝の時間を管理しながら、根気よくスケジュールを続けていく必要があります。もしも離乳食を始めても大丈夫なようであれば、早めに離乳食を始めてもいいか、保健師さんか小児科医にアドバイスを受けましょう。

1年目のお昼寝時間を組み立てるには?

私のスケジュールの本質は、授乳のタイミングと赤ちゃんが昼間に必要とする睡眠時間をうまく組み合わせるところにあります。日中にしっかりおっぱいを飲まない赤ちゃんは、お昼寝もなかなかうまくいきません。そして夜中の睡眠をしっかりとらせるには、日中の睡眠時間を管理するのが不可欠です。お昼寝の時間が長すぎると夜中に目を覚ましやすくなるし、お昼寝の時間が少なすぎると、疲れてぐずりやすいうえに寝つきも悪く、疲れきったときしか寝入ることができない赤ちゃんになってしまいます。

スケジュールの時間設定は、赤ちゃんがお昼寝を必要とする前にどれくらいの間起きていられるかを決める指標にすぎないということを心に留めておいてください。「月齢の低い赤ちゃんのほとんどは、お昼寝が必要になる前に2時間までは機嫌よく起きていられる」というのは、

2時間ずっと起きていなければいけないという意味ではありません。疲れすぎを防ぐために、2時間以上起こしておいてはいけないと言っているだけなのです。ですから、最初のうちは赤ちゃんが一度に1時間から1時間半しか続けて起きていられないとしても心配することはありません。単に他の赤ちゃんよりも長く睡眠をとらなければいけないだけで、大きくなってくればもう少し長い間起きていられるようになるでしょう。

もちろん、日中に1時間しか起きていられず、夜中になると何時間も大はしゃぎしている赤ちゃんの場合は、話が違ってきます。夜中に必要以上に目を覚ますのを防ぐためにも、日中にもう少し長く赤ちゃんが目を覚ましているように頑張ってみましょう。この問題が起きた場合の解決方法の詳細は108ページを参考にしてください。

お昼寝はいかに重要か

乳幼児の睡眠問題の専門家であるマーク・ワイズブルース医師は、二百人以上の子どもを対象に、お昼寝の睡眠パターンについて大規模な研究を行いました。彼によると、お昼寝は快適な睡眠生活を築くためのベースとなる健康的な習慣のひとつであり、お昼寝によって赤ちゃんは刺激から逃れ、さらなる活動のために休息をとることができると説明しています。フェアリー・ディキンソン大学のチャールズ・シェーファー心理学教授もこの説を支持し、次のように言っています。「お昼寝によって1日が決まり、赤ちゃんと母親の機嫌が決まります。そしてママにくつろぎのひとときと家事をこなす機会を与えてくれるのも、お昼寝の時間なのです」

著名な育児の専門家たちも、お昼寝は赤ちゃんの脳の発達に欠かせないものだという点では意見が一致しています。幼児の睡眠に関する専門家でテキサス大学の心理学・精神医学の助教授であるジョン・ハーマン博士は、「遊びの予定を優先して昼寝の時間を削るのは大きな間違いです。赤ちゃんの生活では、睡眠と食事を最優先するということを常に心に留めておきましょう」と言っています。私もまったく同感です。

日中の2～3回のお昼寝の合計時間を3時間～3時間半以内に抑えていれば、3～4カ月になるころには、ほとんどの赤ちゃんは夜中に12時間連続で眠ることができるようになっているはずです。午後7時～7時半から午前7時～7時半まで眠ってもらうには、ランチタイムのあとに一番長めのお昼寝をさせて、その他に午前中と夕方に1回ずつ短いお昼寝をさせるようにスケジュールを組むのがたいへん重要です。赤ちゃんを午前中に長めに寝かせて、午後に短いお昼寝をさせるほうが都合がいいかもしれませんが、赤ちゃんが大きくなってくると問題が生じる恐れがあります。

日中の睡眠時間が自然と減る時期が来ると、夕方のお昼寝を必要としなくなる場合がもっとも多いのです。すると1日で一番長いお昼寝が午前中ということになってしまい、夕方ごろには赤ちゃんは疲れ果てて、午後6時30分には就寝する必要が出てきます。そのせいでその後のスケジュールも狂いだして、結局午前6時には目を覚ますようになってしまいます。たとえ夕方ごろになんとかお昼寝をさせることができても、午後7時〜7時30分の就寝がうまくいかなくなるだけでしょう。

睡眠パターンを理解しましょう

午前中のお昼寝

ほとんどの赤ちゃんは、朝目覚めてから2時間ほどで眠くなるはずですが、この時間のお昼寝は、必ず45分程度の短いものにします。12〜18カ月になると、このお昼寝の時間が短くなるか、またはまったく眠らなくなることもあります。寝かしつけに長い時間がかかり、眠っても結局10〜15分で目が覚めてしまうようになったら、赤ちゃんはこのお昼寝をやめる準備ができているということになります。その状態が2週間ほど続き、ランチタイムのお昼寝時間までご機嫌が続くようであれば、この午前中のお昼寝を思い切って削ってしまいましょう。

たとえ実質的には10分しか眠っていなくても、45分たったら必ず赤ちゃんを起こしてください。45分を過ぎても眠らせたままにしておくと、このお昼寝をやめる頃合の判断がつかないうえに、ランチタイムのお昼寝のときにあまり眠らなくなってしまう可能性もあり、そうなると前に述べたような問題が生じてしまいます。

〈6週目以降〉

きちんとした睡眠パターンができあがるまでは、ドアを閉めて暗くした寝室でお昼寝をさせるようにしてください。日中のスケジュールがしっかり身についていれば、お出かけの時間が重なった場合に、ベビーカーやチャイルドシートでお昼寝させてもかまいませんが、45分たったら必ず赤ちゃんを起こすのは同じです。

赤ちゃんが朝7時に目を覚ました場合は、9時半に30分の短いお昼寝が必要かもしれません。45分間眠るはずのところを10～15分で起きてしまってもランチタイムのお昼寝時間まで機嫌がよいようであれば、このお昼寝をやめてしまってもかまいません。赤ちゃんが朝8時まで眠った場合は、午前中にお昼寝をしなくてもランチタイムのお昼寝まで持つはずです。

ランチタイムのお昼寝

このお昼寝は必ず1日で一番長いものでなければいけません。この時間帯にぐっすり眠る習慣をつければ、赤ちゃんが疲れすぎることなく午後の活動を楽しむことができますし、夜の就寝もリラックスして楽にできるはずです。最近の研究によると、正午と午後2時の間のお昼寝は、それより遅い時間のお昼寝よりも深く眠ることができ、元気回復にもより効果があるそうです。この時間がちょうど赤ちゃんの集中力が低下する時間と重なっているからのようです。

前に述べたように、午前中に長く眠らせたせいでこの時間のお昼寝が短くなると、その後の睡眠リズムに影響が出て、結果的には朝の早起きにつながってしまいます。

ほとんどの赤ちゃんは1歳半から2歳になるまでは、1日に2時間〜2時間半のお昼寝が必要です。2歳を超えたら、1時間〜1時間半へと少しずつ減っていきます。3歳になるころにはランチタイムのお昼寝は必要なくなっているかもしれませんが、必ず自分のお部屋で静かに過ごす時間をいくらかつくってあげるようしてください。それがないと、夕方ごろ興奮しやすくなり、夜の睡眠に影響が出る可能性があります。


〈6週目以降〉

午前中に45分間しっかり眠った場合は、この時間のお昼寝は2時間たった時点で起こします。何かの理由で午前中のお昼寝がいつもより短かった場合は、2時間半寝かせてあげてください。

最初のうちは、ランチタイムのお昼寝がうまくいかないこともあり、目を覚ました赤ちゃんがもう一度寝るのを嫌がる場合もあります。その場合は、午後2時30分の授乳のあとに30分間、そしてその次の午後4時30分の授乳のあとにも30分間お昼寝をさせてあげます。こうすれば、疲れすぎて機嫌が悪くなることもありませんし、午後7時にスムーズに寝つくように、再びスケジュールを軌道に乗せることができます。


〈6カ月以降〉

離乳食を1日に3回食べているか、午前中のお昼寝の時間を午前9時から9時30分に移動した場合は、ランチタイムのお昼寝時間を12時30分〜2時30分に修正する必要がでてくることが多いようです。このお昼寝でなかなか2時間眠らないときは、午前中のお昼寝の時間が30分を超えていないかどうかをチェックしてください。

〈12カ月以降〉

お昼寝の寝かしつけに苦労している場合や、1時間〜1時間半で赤ちゃんが目を覚ましてしまうときは、午前中のお昼寝の時間を短くするか、完全にやめてしまってもいいでしょう。午後7時に就寝してもらうためにも、午後2時半以降にお昼寝をさせてはいけません。

夕方のお昼寝

3回のお昼寝で一番短く、最初に必要なくなるのがこの時間帯です。ベビーベッド以外の場所で赤ちゃんが眠れるようにするためにも、ときにはベビーカーやベビーチェアでうたた寝をさせてあげるのもいいでしょう。また、こうすることで、ママがお出かけをする自由もできます。

〈3カ月以降〉

午後7時の就寝がうまくいくように、夕方のお昼寝は決して45分以上寝かせてはいけません。また、実質何分眠ったかに関係なく、午後5時には必ず赤ちゃんを起こしてください。この前の2回のお昼寝でよく眠っていれば、この時間のお昼寝が少しずつ短くなり、最終的には完全に必要なくなります。何かの理由でランチタイムのお昼寝が短くなってしまったときは、夕方に少し寝かせてあげる必要があります。ただし、1日のお昼寝の合計が、月齢別に定められた長さを超えないように気をつけてください。

スケジュールの調整の仕方

0カ月〜6カ月

長年の間にさまざまなスケジュールを試してきましたが、生後まもない新生児にも月齢のいった赤ちゃんにも一番合っているのは、私の考案したスケジュールだと思います。赤ちゃんの自然な睡眠・授乳のパターンに沿っているからでしょう。

私が組み立てたスケジュールの時間をできるだけ守るようにしてください。赤ちゃんが6カ月に達して、1日の授乳回数が4〜5回になり、必要な睡眠時間も減ってきたら、赤ちゃんの必要とする睡眠や授乳を乱すことなくスケジュールを変えることも可能になります。

6カ月目ころまでは、スケジュールの微調整を行うときは、次のポイントを念頭に置いてください。

●夜中に起きるのを1回に抑えるためにも、最初の数週間は、深夜12時前に少なくとも5回の授乳を組み込む必要があります。そのためには、スケジュールの開始時間を必ず午前6時か7時にしてください。

●生後すぐの数週間のスケジュールを午前8時から午後8時の間に設定すると、深夜から午前7時の間の夜の授乳回数が2回になってしまいますので、できるだけ避けましょう。

6カ月以降

6カ月になると離乳食が始まり、午後10時30分の授乳も必要なくなっているため、スケジュールの調整もしやすくなります。赤ちゃんがいつも午前7時

最初の1年に必要な睡眠時間

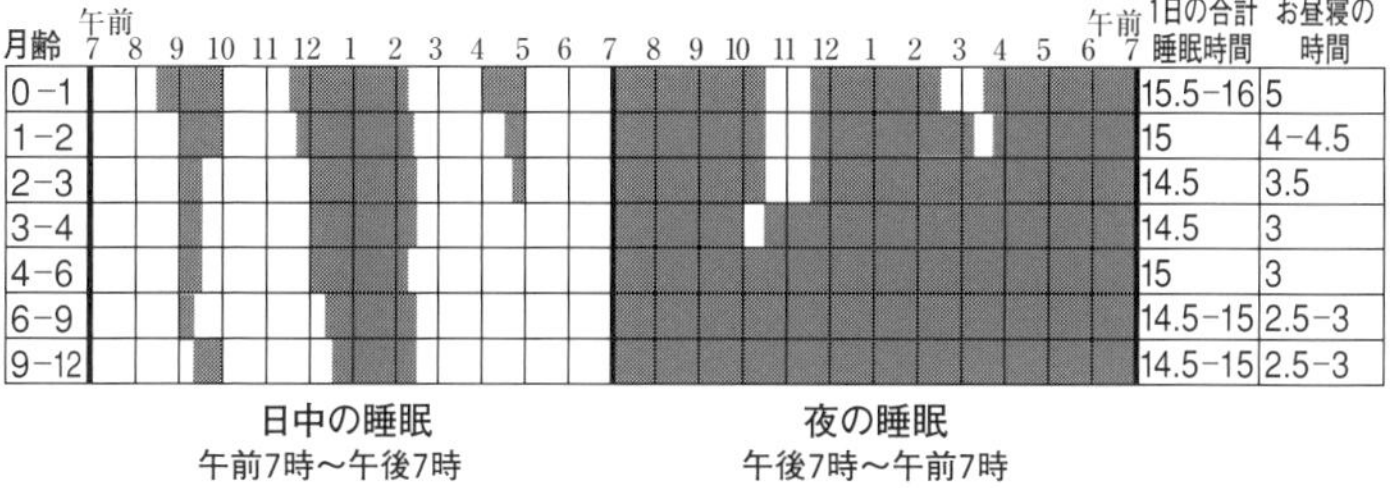

月齢	1日の合計睡眠時間	お昼寝の時間
0−1	15.5−16	5
1−2	15	4−4.5
2−3	14.5	3.5
3−4	14.5	3
4−6	15	3
6−9	14.5−15	2.5−3
9−12	14.5−15	2.5−3

まで眠っている場合は、7時30分か8時のスタートにして、残りのスケジュールを同様にずらすこともできます。もちろん夜中の就寝も遅めにする必要があります。朝の起床時間を少し遅らせながら、就寝時間は午後7時のままで進めたい場合は、次の方法を試してみてください。

● ランチタイムのお昼寝を12時〜12時30分の間に始められるように、午前中のお昼寝時間を一気に減らしてください。

● ランチタイムのお昼寝は2時間以内に抑え、夕方のお昼寝はやめてしまいましょう。

お出かけのときに気をつけること

生まれてすぐの数週間は、ほとんどの赤ちゃんはベビーカーやチャイルドシートに乗せたとたんに眠ってしまうものです。可能であれば、スケジュールが狂いすぎないように、買い物等のお出かけをお昼寝の時間に合わせて計画してください。8週目近くなり、スケジュールが定着していれば、赤ちゃんが四六時中居眠りすることもなくなり、もっとお出かけしやすくなっているでしょう。

日帰りでお友だちの家に遠出をする場合は、訪問時間にもよりますが、午前9時〜10時の間、または午後1時〜2時の間に移動をすれば、スケジュールにうまく組み込むことも可能でしょう。目的地に着くころにはちょうど授乳の時間ですので、赤ちゃんを起こしておくことができます。同様に、帰りの移動を午後4時～5時の間か午後7時以降にすれば、スケジュールを狂わせずにすむはずです。

第6章　生後1年間の生活スケジュール・実践編

母乳育ちの赤ちゃんのためのスケジュール【1週目】

午前7時

●7時前には赤ちゃんを起こし、おむつを替えて、授乳を始めましょう。

●張っているおっぱいから25～35分飲ませてください。次にもう一方のおっぱいから60～90 mlを搾乳《さくにゅう》したあと、10～15分お乳をあげましょう。

●午前5時か6時に授乳した場合は、二番目のおっぱいから90 ml搾乳したあとに、20～25分間おっぱいを飲ませてあげてください。

●**次の授乳に差し支えるため、午前8時以降の授乳は控えること。**このあと最長1時間半は、

授乳時間	7 am～7 pm のお昼寝時間
7 am	8：30am～10am
10am～11：15am	11：30am～2 pm
2 pm	3：30pm～5 pm
5 pm	
6：15pm	
10pm～11：15pm	お昼寝時間の上限　5 時間30分
搾乳の予定時間：　6：45am／10：45am	

赤ちゃんにしっかり起きていてもらいましょう。

午前8時

● 8時前には自分の朝食を食べ始めましょう。

午前8時15分

● 赤ちゃんが少し眠くなってくる時間です。**たとえ眠そうに見えなくても、疲れてきているはずなので、赤ちゃんを寝室に連れて行きましょう。**おむつとドローシーツ（17ページを参照）をチェックし、寝室のカーテンを閉めます。

午前8時30分

● 最初のお昼寝の時間です。**午前9時までには寝室のドアを閉めて、赤ちゃんをおくるみで包み**（35ページを参照）、**ぐっすり眠り込んでしまう前にベビーベッドに下ろしてください。**1時間半を超えない睡眠が必要です。

●この時間を利用して哺乳《ほにゅう》びんや搾乳用の道具を洗って消毒しておきましょう。

午前9時45分

●カーテンを開けて、おくるみを広げ、赤ちゃんが自然に目を覚ますのを待ちましょう。

●赤ちゃんの顔と体を拭くための準備をし、着替えを用意しておきます。

午前10時

●**赤ちゃんが何分眠ったかにかかわらず、10時には完全に目を覚ましていなければいけません。**

●前回最後に飲んだ方のおっぱいから25〜35分間授乳します。ママはその間にお水を大ぶりのグラスに1杯飲みましょう。

●ママが搾乳の準備をする間、赤ちゃんがのびのび手足を動かせるよう、そして眠くならないように、クーファンかベビーベッドに寝かせておきます。

午前10時45分

●授乳しなかった方の胸から60 ml搾乳してください。

●赤ちゃんの体を拭いてお洋服を着せます。首の下や足の付け根などのくびれ部分や乾燥しているところにクリームを塗りましょう。

午前11時

●先ほど搾乳をした胸から15～20分間、おっぱいをあげてください。

午前11時20分

●そろそろ赤ちゃんが少し眠くなり始めます。**たとえそうは見えなくても、疲れてくるころなので、ここで寝室に連れて行きます。**ドローシーツをチェックし、おむつを替えてください。

●カーテンを閉めて、赤ちゃんがウトウトしてきたら、午前11時30分までにおくるみで全身を包んで、ドアを閉めた暗いお部屋で寝かせてください。

●10分以内に寝つかなければ、張っている方の胸から10分ほどおっぱいをあげてください。話しかけず、目も合わせないようにして、暗いお部屋で行いましょう。

午前11時30分～午後2時

●赤ちゃんを2時間半以上寝かせないように気をつけてください。

●**45分ほどで目を覚ましてしまった場合は、おくるみから体が飛び出していないか確認しましょう。しかし、話しかけたり明かりをつけたりしてはいけません。**

●**赤ちゃんが再び自分で眠りに戻れるように、10分ほど様子を見ましょう。**それでも寝つかないときは、次の授乳分の半量を与えて、2時まで眠るように寝かしつけてください。

正午

●搾乳用の道具を洗って消毒し、ランチを食べて次の授乳まで休息をとってください。

午後2時

●**何分寝たかにかかわらず、午後2時前には赤ちゃんを起こして授乳を始めましょう。**

●カーテンを開けて、おくるみを広げ、赤ちゃんが自然に目を覚ますのを待ちましょう。おむつも交換します。

●前回飲んだのと同じ方から25～35分間授乳してください。それでもお腹がすいているようであれば、もう片方のおっぱいから10～15分間授乳してみましょう。その間にママはお水を1杯飲むようにしてください。

●**次の授乳に差し支えるため、午後3時15分以降の授乳は控えること。**

●**午後7時の就寝がうまくいくように、これから午後3時30分までは赤ちゃんを寝かさないようにしてください。**午前中に赤ちゃんの目が冴えていてよく動いていれば、この時間に少し眠くなってしまうかもしれません。あまり厚着をさせないようにしてください。必要以上に暖かいと、赤ちゃんの眠気を誘ってしまいます。

午後3時30分

●お昼寝の時間です。おむつを替えてあげてください。次の授乳とお風呂の前に新鮮な空気を吸って赤ちゃんが気持ちよく眠れるように、お散歩に連れ出すのもいいでしょう。

●午後7時の就寝がうまくいくように、午後5時以降は赤ちゃんを眠らせないようにしてください。

午後5時

●午後5時までに赤ちゃんを起こし、授乳を始めましょう。

●前回最後に飲んだ方のおっぱいから、25～30分間たっぷり飲ませてあげましょう。

●授乳中に赤ちゃんが眠ってしまわないように気をつけてください。もう片方のおっぱいはお風呂から出るまであげてはいけません。

午後5時45分

●日中に赤ちゃんの目が冴えていたり、3時30分から5時のお昼寝でよく眠らなかったりした場合は、早めにお風呂に入れる必要があるかもしれません。

●ママがお風呂と就寝に必要なものを準備する間に、赤ちゃんのおむつをはずしてたくさんキックをさせてあげましょう。

午後6時

●6時までにお風呂に入れます。6時15分まではマッサージをしてパジャマを着せてあげましょう。

午後6時15分

●お休み前の授乳の時間です。**6時15分までには授乳を始めましょう。**授乳は寝室で、薄明かりの中で行います。話しかけたり目を合わせるのは極力控えましょう。

●午後5時の授乳のときのおっぱいを空《から》にしていない場合は、そちらからさらに5〜10分間授乳します。その後もう片方の胸に切り替え、20〜25分間飲ませます。

●**最後に目を覚ましてから2時間たったところでベッドに連れて行くのがポイントです。**

午後7時

●**赤ちゃんがウトウトしてきたら、7時前にはおくるみに包んで、ドアを閉めた暗いお部屋で寝かせましょう。**

●10～15分たっても寝つかないようであれば、張りが強い方の胸から10分間授乳します。話しかけず、目も合わせないようにして、暗いお部屋で行いましょう。

午後8時

●次の授乳と搾乳の前においしい夕食を食べ、休息をとりましょう。

午後9時45分

●赤ちゃんが自然に目を覚ませるように、明かりをつけておくるみを開きます。しっかりおっぱいが飲めるように、完全に目を覚ますまで少なくとも10分は待ちましょう。
●おむつ替えに必要なものを並べます。万が一夜中に必要になる場合にそなえて、予備のドローシーツとガーゼのハンカチ、それに赤ちゃんをくるむためのブランケット（おくるみ）も用意しておきます。
●前回の授乳で最後に飲んだ方の胸から25～35分間授乳します。または哺乳びんを使う場合は、指定の量の大半をあげてください。おむつを替えて、再びおくるみで体を包みます。
●ここで明かりを少しずつ落とし、二番目のおっぱいから20～25分間授乳してください。哺乳びんの場合は、残りをすべて飲ませます。話しかけたり目を合わせたりしないように。この授乳には1時間以上かけないようにしてください。

夜中の授乳

●母乳育ちの赤ちゃんの場合、2週目は夜中の授乳間隔があまりあかないように気をつけてください。

●生まれたときの体重が3200グラム未満だった赤ちゃんは午前2時半に、3200～3600グラムの赤ちゃんは遅くとも午前3時半には、授乳のために起こす必要があります。

●体重が3600グラムを超え、日中の授乳量も十分なミルク育ちの赤ちゃんであれば、もう少し間隔が長くあいても大丈夫でしょう。しかし5時間以上はあけないようにしてください。

●夜中の授乳間隔に関して疑問がある場合は、小児科医か保健師さんにアドバイスを求めましょう。

2～4週目のスケジュールへのステップアップ

ステップアップの時期が来ているかどうかは、次のポイントを参考にして決めてください。

●体重が3200グラムを超えている。また、出生時の体重まで回復し、1日にだいたい30グラムの割合で体重が増えている。

●お昼寝の時間によく眠り、授乳のために起こさなければいけないことが多い。
●おっぱいを飲むのがじょうずで、25〜30分以内に飲みきってしまうことが多い。
●以前よりも目覚めている時間が増えていろいろなものに反応するようになり、一度に1時間半は無理なく起きていられるようになった。

母乳育ちの赤ちゃんのためのスケジュール【2〜4週目】

午前7時

●**7時前には赤ちゃんを起こし、おむつを替えて授乳を始めましょう。**
●張っているおっぱいから20〜25分間飲ませてください。次にもう片方の胸から60〜90ml搾乳したあと、10〜15分間お乳をあげましょう。
●午前5時か6時に授乳した場合は、二番目の胸から90ml搾乳したあとに、そちらから20〜25分間おっぱいを飲ませてあげてください。
●**次の授乳に差し支えるため、午前7時45分以降の授乳は控えること。**このあと最長2時間は赤ちゃんに起きていてもらいましょう。

授乳時間	7 am～7 pm のお昼寝時間
7 am	8：30／9 am～10am
10am	11:30am／12pm～2 pm
2 pm	4 pm～5 pm
5 pm	
6：15pm	
10:30pm	お昼寝時間の上限　5 時間
搾乳の予定時間：　6：45am／10:30am／9：45pm	

午前8時

●8時前には自分の朝食を食べ始めましょう。

午前8時45分

●赤ちゃんが少し眠くなってくる時間です。**たとえ眠そうに見えなくても、疲れてきているはずなので、赤ちゃんを寝室に連れて行きましょう。**おむつやドローシーツをチェックし、寝室のカーテンを閉めます。

午前9時

●最初のお昼寝の時間です。9時までにはドアを閉めて、おくるみで赤ちゃんを包み、ぐっすり眠り込んでしまう前にベビーベッドに下ろすようにしてください。**お昼寝時間は1時間半を超えないように。**

●哺乳びんや搾乳用の道具を洗って消毒しておきましょう。

午前9時45分

●カーテンを開けて、おくるみを広げ、赤ちゃんが自然に目を覚ますのを待ちましょう。

●赤ちゃんの顔と体を拭くための準備をし、着替えを用意しておきます。

午前10時

●**何分眠ったかに関係なく、10時には完全に目を覚ましていなければいけません。**

●前回最後に飲んだ方のおっぱいから20〜25分間授乳しましょう。その間にお水を大ぶりのグラスに1杯飲んでください。

●赤ちゃんの体を拭いてお洋服を着せます。首の下や足の付け根などのくびれ部分や乾燥しているところにクリームを塗りましょう。

午前10時30分

●二番目の胸から60 ml搾乳してください。その後同じ胸から10〜15分間おっぱいをあげてください。**次の授乳に差し支えるため、午前11時15分以降の授乳は控えること。**

●プレイマットに寝かせて、疲れすぎない程度に存分にキックをさせてあげましょう。

午前11時30分

●これまでの2時間にパッチリ目が覚めていてよく動いていれば、そろそろ疲れてくるころかもしれません。11時45分にはベッドに寝かす必要があるでしょう。

午前11時45分

●それまで何をしていても、この時間までには寝室に連れて行きましょう。
●ドローシーツを確認して、おむつを替えてください。
●カーテンを閉めて、**赤ちゃんがウトウトしてきたら、正午前にはおくるみで全身を包んで、ドアを閉めた暗いお部屋で寝かせてください。**

午前11時30分／正午〜午後2時

●赤ちゃんを2時間半以上寝かさないように気をつけてください。
●午前中に1時間半眠った場合は、このお昼寝は2時間以内に抑えてください。
●**45分ほどで目を覚ましてしまった場合は、おくるみから体が飛び出していないかどうかをチェックしましょう。しかし話しかけたり明かりをつけたりしてはいけません。**
●赤ちゃんが再び自分で眠りに戻れるように、20分ほど様子を見ましょう。それでも寝つかないときは、午後2時の授乳の半分の量を与えて、2時まで眠るように寝かしつけてください。

正午

●搾乳用の道具を洗って消毒し、ランチを食べて次の授乳まで休息をとってください。

午後2時

●**何分寝たかにかかわらず、午後2時前には赤ちゃんを起こし、授乳を始めましょう。**

●カーテンを開けて、おくるみを広げ、赤ちゃんが自然に目を覚ますのを待ちましょう。おむつも交換します。

●前回飲んだのと同じ方から20～25分間授乳してください。まだお腹がすいているようであれば、もう片方のおっぱいから10～15分間授乳してみましょう。その間にママはお水を1杯飲むようにしてください。

●**次の授乳に差し支えるため、午後3時15分以降の授乳は控えること。**

●**午後7時の就寝がうまくいくように、これから午後4時までは赤ちゃんを寝かさないようにしてください。**午前中に赤ちゃんの目がしっかり覚めていれば、この時間に少し眠くなってしまうかもしれません。あまり厚着をさせないようにしてください。必要以上に暖かいと、赤ちゃんの眠気を誘ってしまいます。

●赤ちゃんをプレイマットの上に寝かせ、たくさんキックをさせてあげましょう。

午後4時

●お昼寝の時間です。おむつを替えてあげてください。次の授乳とお風呂の前に新鮮な空気を吸って赤ちゃんが気持ちよく眠れるように、お散歩に連れ出すのもいいでしょう。

●**午後7時の就寝がうまくいくように、午後5時以降は赤ちゃんを眠らせないようにしてください。**

午後5時

●**午後5時までには赤ちゃんを起こし、授乳を始めましょう。**

●前回最後に飲んだ方のおっぱいからたっぷり20分間飲ませてあげましょう。

●もう片方のおっぱいはお風呂から出るまであげてはいけません。

午後5時45分

●日中に目が冴えていて、4時から5時のお昼寝でもよく眠らなかった場合は、早めにお風呂に入れる必要があるかもしれません。

●ママがお風呂と就寝に必要なものを準備する間に、赤ちゃんのおむつをはずしてたくさんキックをさせてあげましょう。

午後6時

●6時までにお風呂に入れます。6時15分まではマッサージをしてパジャマを着せてあげましょう。

午後6時15分

●6時15分までには授乳を始めましょう。授乳は寝室で、薄明かりの中で行います。赤ちゃんに話しかけたり、目を合わせるのは極力控えましょう。

●午後5時の授乳でおっぱいが完全に空《から》になっていない場合は、そちらからさらに5〜10分間授乳してから、もう一方のおっぱいに切り替え、20〜25分間飲ませます。

●最後に目を覚ましてから2時間たったところでベッドに連れて行くのがポイントです。

午後7時

●赤ちゃんがウトウトしてきたら、7時前にはおくるみに包んで、ドアを閉めた暗い寝室で寝かせましょう。

●10〜15分たっても寝つかないようであれば、張りが強い方から10分間授乳します。話しかけず、目も合わせないようにして、暗いお部屋で行いましょう。

午後8時

●次の授乳と搾乳の前においしい夕食を食べ、休息をとりましょう。

午後9時45分

●午後10時30分の授乳のときに、おっぱいの代わりに搾乳した母乳（またはミルク）を哺乳びんであげることに決めた場合は、この時間に両胸から搾乳してください。

午後10時／10時30分

●赤ちゃんが自然に目を覚ませるように、明かりをつけて、おくるみを開きます。しっかりおっぱいが飲めるように、完全に目を覚ますまで少なくとも10分は待ちましょう。午後10時30分までには目を覚まし、授乳を始めていなければいけません。

●おむつ替えに必要なものを並べます。万が一夜中に必要になったときのために、予備のドローシーツとガーゼのハンカチ、それにブランケット（おくるみ）も用意しておきます。

●前回の授乳で最後に飲んだおっぱいから20分間授乳します。または哺乳びんを使う場合は、指定されている量の大半をあげてください。おむつを替えて、再びおくるみで体を包みます。

●ここで明かりを暗くし、二番目のおっぱいから20分間授乳してください。哺乳びんの場合は、残りをすべて飲ませます。話しかけたり目を合わせたりしないように。この授乳には1時間以上かけないようにしてください。

夜中の授乳

●赤ちゃんが午前4時前に目を覚ました場合は、両胸から授乳します。

●赤ちゃんが午前4時から5時の間に目を覚ました場合は、片方の胸から授乳し、もう片方の胸は午前7時に搾乳したあとあげてください。

●赤ちゃんが午前6時に起きた場合は、片方の胸から授乳し、もう片方の胸は午前7時30分に搾乳したあとあげてください。

●お部屋は薄暗いままで、目を合わせたり話しかけるのは控えましょう。おむつを替えるのは、どうしても必要なときだけにしてください。

2～4週目に変えること

睡眠

3～4週目になると、赤ちゃんは次第に起きている時間が長くなってきます。日中にはしっかり目を覚ましているようにして、夜中の睡眠パターンが乱れないように気をつけてください。

可能であれば、午後4時のお昼寝以外はすべて、ドアを閉めた暗い寝室でさせてください。年上のお子さんの都合でそれができないときは、少なくともランチタイムのお昼寝だけは暗い部屋で寝かせるようにしましょう。午後7時から午前7時の間は、必ず明かりを消してドアを閉めた部屋で眠らせるようにしてください。午後10時30分の授乳のときに赤ちゃんを自分の寝室に連れてきて、そのまま同じ部屋で眠る場合は、赤ちゃんの部屋でやっていたのと同じ方法で寝かせてください。4週目になるころには、ランチタイムのお昼寝で赤ちゃんがよく眠るように、午前中のお昼寝は1時間以内に抑えます。

朝、目を覚ましている時間を少しずつ延ばして、午前9時まで起きていられるようにします。赤ちゃんが8時30分に眠って、9時15分〜30分に起きてしまっていては残りのスケジュールが狂ってしまうので、8時20分ごろに濡れタオルで全身を拭いてあげるだけでも目が覚めて、9時まで起きていられるようになります。幼稚園の送り迎え等でそれができず、9時15分から赤ちゃんが目を覚ましているときは、10時45分〜11時前後に短いお昼寝をさせてあげてください。こうすることで、11時15分といった早い時間に眠くなってしまうのを防ぎ、ランチタイムのお昼寝を午後12時15分〜30分ごろに始めることができます。ランチタイムのお昼寝は2時間半以下に抑えてください。夕方のお昼寝は、午後4時〜5時の間にうたた寝程度の短いお昼寝を数回することもありますが、合計が1時間を超えないように気をつけましょう。

生後5週目になるころには、午前9時と夕方のお昼寝のときは、体全体ではなく腕を出して脇の下までを覆《おお》う「半ぐるみ」で包んであげてください。4週目ごろになると、赤ちゃんが浅い眠りのサイクルに入ったのがわかりやすくなります。サイクルは通常45分おきですが、30分おきの赤ちゃんもいます。まだお腹がすいていなければ、ほとんどの赤ちゃんは放っておかれれば自分で再び眠りに戻ります。ママが大急ぎで赤ちゃんのもとに駆けつけて、ゆらゆら抱っこをしたり、背中をトントン叩いたり、おしゃぶりを使って眠りに戻らせようとすると、赤ちゃんはそれらの助けを「ねんね」と結びつけて、それがないと眠れなくなるという長期的な問題に発展する可能性があります。夜中の授乳が必要のない時期になっても、赤ちゃんの眠りが浅くなるたびに、再び寝つかせるためにママが何度も起きなければいけなくなってしまうのです。

授乳

ほとんどの赤ちゃんは、だいたい3週目に成長期を迎えます。この時期には午前6時45分に搾乳する量を30 ml減らし、4週目の終わりには午前10時30分の搾乳分も30 ml減らしてください。こうすることで、赤ちゃんの食欲が増えた分を補うことができます。搾乳していないママの場合は、足りない分を赤ちゃんが摂取できるように、授乳の回数を頻繁にして、長めにあげるようにしましょう。赤ちゃんが欲しがる量が増えたせいで、ママに疲れがたまって、お乳の出が悪くなるという悪循環にならないように、この時期はいつもより体を休めるようにしてください。睡眠リズムを狂わせたくなければ、リズムはそのままで母乳の出をよくするためのプログラム（262ページ参照）を試してみましょう。おっぱいの出が安定してきたら、赤ちゃんの月齢に合ったスケジュールに戻しても大丈夫でしょう。

母乳育児を続けながら、1日に一度だけ哺乳びんを使うことに決めた場合は、この時期に始めるといいでしょう。この月齢よりも遅くなると、赤ちゃんが哺乳びんそのものを拒否する可能性が高くなり、後々大問題に発展します。ママが仕事に戻る予定であれば、特に注意が必要です。

搾乳は午後9時30分〜10時くらいにするのが理想的です。お乳の出を安定させるためにも、両胸を完全にしぼりきってください。当然午後10時30分の搾乳・授乳はできなくなりますので、この時間の授乳を代わってもらう人が私のスケジュールのアドバイスに従うことになります。あなたは早くベッドに入って睡眠をとってください！　ここで搾乳したお乳は、午後10時30分の授乳にも使えますし、冷凍すれば他の人に赤ちゃんを預けるときにも使うことができます。午後10時30分の授乳のときに、搾乳したお乳か粉ミルクを哺乳びんであげることにすれば、パパも子育てに参加できますし、ママはいつもより早くベッドに入ることができます。産後の数週間に何より必要な睡眠をいつもより長く確保できるのです。しかし6週間以上母乳を続けるつもりであれば、保健師さんか小児科医のアドバイスがない限り、この時間の授乳以外で粉ミルクを使うのは避けましょう。

ミルク育ちの赤ちゃんであれば、成長期の間は、まず午前7時、午前10時30分、そして午後10時30分の授乳量を増やすべきです。乳首の穴の大きさを新生児用のものから一段階大きめのものに変えたほうがよい赤ちゃんもいます。

赤ちゃんが4週に達するころには、おそらく授乳間隔も少し延びてきます。また、毎週体重が180～240グラム増えていれば、4～6週目のスケジュールにステップアップすることができるでしょう。体重が十分に増えていない母乳育ちの赤ちゃんは、体重の増え方が改善するまで、2～4週目のスケジュールを続けてください。母乳育ちの赤ちゃんで、体重の増加が思わしくない場合は、お乳の出が悪いか、またはおっぱいを飲むときの赤ちゃんの吸いつき方に問題がある場合が多いようです。そしてこの2つの原因は往々にして関連しています。262ページのプログラムを試してみてはどうでしょうか。または、母乳育児のカウンセラーに、赤ちゃんの吸い方が正しいかどうかをチェックしてもらうのもおすすめです。

ミルク育ちの赤ちゃんで体重の増え方が十分でない場合は、穴が1つの新生児用の乳首から、穴が2つのものに変えてみてください。赤ちゃんの体重が増えず不安な点があれば、必ず保健師さんか小児科医に相談しましょう。

赤ちゃんがいまだに午前2時と5時の2回、目を覚ましているようであれば、午後10時の授乳のときにミルクの大半を飲ませたあとに、指定されている1時間よりも少し長めに赤ちゃんを起こしておいてください。午後11時15分にはおむつを替えて、寝室の明かりを落とし、残りのミルクを飲ませます。このように授乳を分けて赤ちゃんを少しだけ長めに起こしておけば、体がシーツから飛び出してしまわない限り、午前3時過ぎまでぐっすり眠り続けるはずです。少したつと状況が改善するはずなので、そうなったら毎晩5分ずつ授乳時間を早めて、徐々に午後10時30分に近づけていきましょう。

母乳育ちの赤ちゃんのためのスケジュール【4～6週目】

午前7時

● 7時前には赤ちゃんを起こし、おむつを替えて授乳を始めましょう。

● 午前3時～4時に授乳をした場合は、張っている胸から20～25分間飲ませてください。それでもまだお腹がすいているようであれば、もう片方の胸から60～90 mlを搾乳したあと、10～15分間おっぱいをあげてください。

● 午前5時～6時に授乳をした場合は、二番目の胸から60～90 mlを搾乳したあと、20～25分間お乳を飲ませてください。

● **次の授乳に差し支えるため、午前7時45分以降の授乳は控えること。**このあと最長2時間は赤ちゃんにしっかり起きていてもらいましょう。

授乳時間	7 am〜 7 pm のお昼寝時間
7 am	9 am〜10am
10:30am	11:30am / 12pm〜 2 pm / 2 :30pm
2 pm / 2 :30pm	4 :15pm〜 5 pm
5 pm	
6 :15pm	
10:30pm	お昼寝時間の上限　　4 時間30分
搾乳の予定時間： 6 :45am / 10:30am / 9 :45pm	

午前8時

● 8時前には自分の朝食を食べ始めましょう。

午前8時45分

●赤ちゃんが少し眠たくなってくる時間です。**眠そうに見えなくても、疲れてきているはずなので、赤ちゃんを寝室に連れて行きましょう。**

●おむつやドローシーツをチェックし、お部屋のカーテンを閉めます。

午前9時

●**午前9時までには、おくるみで全身（または脇から下）を包み、ドアを閉めた暗いお部屋で、寝かせてください。**

●睡眠時間は1時間を超えないように。

●哺乳びんや搾乳用の道具を洗って消毒しておきましょう。

午前9時45分

●カーテンを開けて、おくるみを広げ、赤ちゃんが自然に目を覚ますのを待ちましょう。

●赤ちゃんの着替えや、顔と体を拭くための準備をしておきます。

午前10時

●**何分眠ったかにかかわらず、この時間には完全に目を覚ましていなければいけません。**

●赤ちゃんの体を拭いてお洋服を着せます。首の下や足の付け根などのくびれ部分や、乾燥しているところにクリームを塗りましょう。

午前10時30分

●前回最後に飲んだ方のおっぱいから20～25分間授乳しましょう。

●二番目の胸から30 ml搾乳している間に、赤ちゃんをプレイマットに寝かせて存分にキックをさせてあげましょう。それから10～15分間授乳します。

●**次の授乳に差し支えるため、午前11時30分以降の授乳は控えること。**

午前11時30分

●これまでの2時間にパッチリ目が覚めていてよく動いていれば、そろそろ疲れてくるころかもしれません。11時45分までにはベッドに寝かす必要があるでしょう。

午前11時45分

●それまで何をしていたかにかかわらず、この時間までには寝室に連れて行きましょう。

●ドローシーツを確認して、おむつを替えてください。

●**正午前にはカーテンを閉めて、おくるみで赤ちゃんを包み、ドアを閉めた暗いお部屋で寝かせてください。**

午前11時30分／正午〜午後2時／2時30分

●赤ちゃんを2時間半以上寝かせないように気をつけてください。

●**45分ほどで目を覚ましてしまった場合は、おくるみから体が飛び出していないかをチェックしましょう。しかし話しかけたり明かりをつけたりしてはいけません。**

●**赤ちゃんが再び自分で眠りに戻れるように、20分ほど様子を見ましょう。**それでも寝つかないときは、午後2時の授乳の半分の量を与えて2時30分まで眠るように、もう一度寝かしつけてください。

正午

●搾乳用の道具を洗って消毒し、ランチを食べて次の授乳まで休息をとってください。

午後2時20分

●**何分寝たかにかかわらず、2時30分には赤ちゃんを起こして授乳を始めましょう。**

●カーテンを開けて、おくるみを広げ、赤ちゃんが自然に目を覚ますのを待ちましょう。おむつも交換します。

●前回最後に飲んだ方のおっぱいから20〜25分間授乳してください。それからもう片方のおっぱいから10〜15分間授乳してみましょう。その間にママはお水を大ぶりのグラスに1杯飲みましょう。

●**次の授乳に差し支えるため、午後3時15分以降の授乳は控えること。**

●**午後7時の就寝がうまくいくように、これから午後4時15分までは赤ちゃんを寝かさないようにしてください。**午前中に赤ちゃんの目が冴えてご機嫌であれば、この時間に少し眠くなってしまうかもしれません。あまり厚着をさせないようにしてください。必要以上に暖かいと、赤ちゃんの眠気を誘ってしまいます。

●赤ちゃんをプレイマットの上に寝かせ、たくさんキックをさせてあげましょう。

午後4時15分

●お昼寝の時間です。おむつを替えてあげてください。次の授乳とお風呂の前に、新鮮な空気を吸って赤ちゃんが気持ちよく眠れるように、お散歩に連れ出すのもいいでしょう。このお昼寝の時間が減り始めるかもしれません。

●**午後7時の就寝がうまくいくように、5時以降は赤ちゃんを眠らせないようにしてください。**

午後5時

●**午後5時までには赤ちゃんを起こし、授乳を始めましょう。**

●前回最後に飲んだおっぱいと同じ方から20分間しっかり飲ませてあげましょう。

●**もう片方のおっぱいはお風呂から出るまであげてはいけません。**

午後5時45分

●**日中に目が冴えていて、4時15分から5時のお昼寝でもよく眠らなかった場合は、早めにお風呂に入れる必要があるかもしれません。**

●ママがお風呂と就寝に必要なものを準備する間に、赤ちゃんのおむつをはずしてたくさんキックをさせてあげましょう。

午後6時

●6時までにお風呂に入れます。6時15分まではマッサージをしてパジャマを着せましょう。

午後6時15分

●6時15分までには授乳を始めましょう。

●授乳は寝室で、薄明かりの中で行います。赤ちゃんに話しかけたり、目を合わせたりしないようにしてください。

●午後5時の授乳でおっぱいが完全に空になっていない場合は、同じ方から5〜10分間授乳したあと、もう片方のおっぱいに切り替え、張ったおっぱいから20〜25分間飲ませます。その間にママはお水をたっぷり飲みましょう。

●最後に目を覚ましてから2時間たったところでベッドに連れて行くのがポイントです。

午後7時

●7時までには、脇の下までおくるみを巻いて、ドアを閉めた暗いお部屋で寝かせましょう。

午後8時

●午後10時〜10時30分の授乳と搾乳の前においしい夕食を食べ、休息をとりましょう。

午後9時45分

●午後10時30分の授乳のときに、おっぱいの代わりに搾乳した母乳（またはミルク）を哺乳びんであげることに決めた場合は、この時間に両胸から搾乳してください。

午後10時～10時30分

●赤ちゃんが自然に目を覚ませるように、明かりをつけて、おくるみを開きます。しっかりおっぱいが飲めるように、完全に目を覚ますまで少なくとも10分は待ちましょう。午後10時30分にはしっかり目を覚まし、授乳を始めていなければいけません。

●おむつ替えに必要なものを並べます。万が一夜中に必要になったときのために、予備のドローシーツとガーゼのハンカチ、それにブランケット（おくるみ）も用意しておきます。

●前回の授乳で最後に飲んだおっぱいから20分間授乳します。哺乳びんを使う場合は、指定されている量の大半を飲ませてください。おむつを替えて、再びおくるみで体を包みます。

●ここで明かりを落とし、二番目のおっぱいから20分間授乳してください。哺乳びんの場合は、残りをすべて飲ませます。話しかけたり目を合わせたりしないようにしましょう。

●この授乳には1時間以上かけないこと。

夜中の授乳

●赤ちゃんが午前4時前に目を覚ました場合は、両胸から授乳します。

●赤ちゃんが午前4時から5時の間に目を覚ました場合は、片方の胸から授乳し、もう片方の胸は午前7時30分に搾乳したあとあげてください。

●赤ちゃんが午前6時に起きた場合は、片方の胸から授乳し、もう片方の胸は午前7時30分に搾乳したあとあげてください。

●お部屋は薄暗いままで、目を合わせたり話しかけたりするのは控えましょう。おむつを替えるのは、どうしても必要なときだけにしてください。

4〜6週目に変えること

睡眠

午前7時から午後7時の間のお昼寝時間は、絶対に4時間半を超えないようにしてください。午前中のお昼寝は1時間以内に、そして夕方のお昼寝は午後4時15分から5時の間の30分間に抑えます。

赤ちゃんが日中にとても眠たがって、指定された時間どおりに起きていることができないようであれば、第4章を参考にして、それが深刻な問題に発展しないかどうかをチェックしてください。

6週目が終わるころには、午前9時と午後7時の睡眠のときには、両腕を覆《おお》わず脇の下から体を包む半ぐるみに慣れてもらうのがたいへん重要です。乳幼児突然死症候群（SIDS）は、生後2カ月から4カ月の間にピークを迎え、赤ちゃんの暖めすぎが主な原因だと考えられています。

このころには、以前よりも寝かしつけにかかる時間は短くなっているはずです。眠るまでの抱っこの時間も少しずつ減らしていきましょう。目が開いているうちにベッドに寝かせて、ひとりで寝つくのに慣れさせるには今がよい時期です。

午前6時～7時から午後11時30分の間に、1日のミルクの必要摂取量をほとんど飲んでいれば、夜中は長めに眠り始めるころでしょう。十分な量を飲んでいるかどうかを計るよい指標となるのは体重の増加状況で、週に180～240グラム体重が増えていれば合格です。また昼間は続けて2時間近く起きていられるようになっている必要があります。

数夜連続で長時間眠ったら、たとえ再び早く目を覚ますようになっても、おっぱいをあげないようにしてください。午後10時30分の授乳後の夜の時間は、「コア・ナイト」（真夜中）と呼ばれることがあります（254ページを参照してください）。もし赤ちゃんがこの「コア・ナイト」の時間に目を覚ましてしまったら、「コア・ナイト・メソッド」と呼ばれる寝かしつけの方法を試してみてもいいでしょう。この時間に目を覚ましてしまっても、最初は赤ちゃんが自分でもう一度寝つくことができるように、数分間様子を見ます。それでうまくいかないようであれば、授乳以外の手段で赤ちゃんを寝かしつけましょう。私なら湯冷ましか抱っこで寝かしつけますが、おしゃぶりをすすめる人もいます。ママがそばにいるのを知らせて赤ちゃんを安心させる一方で、赤ちゃんへの働きかけは最小限にとどめてください。このやり方で、赤ちゃんは快眠を得るためにもっとも重要なスキルのひとつを学ぶことができるのです。それは、ノンレム睡眠（深い眠り）から覚めてしまったときに、再び自分で眠りに戻る方法です。もちろん、それでも赤ちゃんが寝つかなければ授乳が必要でしょう。この方法は、夜中の同じ時間に目を覚ます癖がついてしまった大きな赤ちゃんの睡眠時間を延ばすのにも使うことができます。

この方法を使う前に、次のポイントをよく読んで、あなたの赤ちゃんが本当に夜中に長時間眠る準備ができているかどうかを確かめてください。

●これらのやり方は決して月齢の低い赤ちゃんや体重が増えていない赤ちゃんには使わないでください。

●前述の方法は以下の条件を満たしているときにのみ使ってください。①眠る前の最後の授乳で、赤ちゃんが夜中に長時間眠るのに十分な量を飲んでいること。②毎週継続的に体重が180～240グラム増加していること。

●夜中の授乳量を減らす準備ができているかどうかを見極めるための主なサインは次のとおり

です——体重が定期的に増加している、午前7時の授乳を嫌がるか、量が以前より減っている。

夜中の授乳を一気になくしてしまうのではなく、夜の最後の授乳から赤ちゃんが眠る時間を少しずつ延ばしていくのが、このやり方の目的です。3～4晩続けて夜中に長時間眠れそうな兆しが見えたら試してみてください。

授乳

午前3時から4時の間に授乳をすると、毎朝7時を過ぎても赤ちゃんの目が覚めない場合は、時間をかけて少しずつ夜中の授乳の量を減らしていきましょう。こうすれば日中に飲むおっぱいの量が増えて、夜中の量が減ることになります。最終的には夜中の授乳を完全にやめてしまいましょう。しかし、授乳の量を急激に減らしすぎないように気をつけてください。午後11時から午前7時まで夜通し眠らせるのが狙いなのに、量が足りていないせいで朝早く目を覚ますようになってしまっては元も子もありません。

夜中ではなく、日中の授乳量を増やしましょう。朝一番の搾乳をさらに30ml減らしてください。そして6週目の終わりには、午前10時30分の搾乳を完全にストップします。ほとんどの赤ちゃんは、午前7時のおっぱいのあとは授乳間隔があいてもぐずることはないはずなので、少しずつ午前10時の授乳を10時30分にずらしていきます。例外は、朝の5時前後に目を覚まして、

7時30分に追加分を飲んでいる赤ちゃんの場合です。

7時30分の追加分を飲んだだけでは10時30分まで持たない赤ちゃんが多いようです。その場合は、午前6時から7時の間に授乳ができるようになるまで、午前10時の授乳を続けてください。

ほとんどの赤ちゃんは、6週目に二度目の成長期が来るので、おっぱいをあげているときにいつもより長めに飲みたがるかもしれません。ミルク育ちの赤ちゃんであれば、成長期にはまず午前7時、午前10時30分、そして午後6時15分の授乳量を増やしてください。この時期にランチタイムのお昼寝の寝かしつけがうまくいかなくなったら、お昼寝に入る前に少しだけミルクを追加してもいいかもしれません。途中で目を覚ますことなくお昼寝をするようになって1週間経過したら、徐々に追加する量を減らし、最終的には足すのを完全にやめます。

母乳育ちの赤ちゃんのためのスケジュール【6〜8週目】

午前7時

● 7時までには赤ちゃんを起こし、おむつを替えて、授乳を始めましょう。

● 午前4時〜5時に授乳をした場合は、張りの強いおっぱいから20〜25分間飲ませてください。それでもまだお腹がすいているようであれば、もう片方の胸から30〜60 mlを搾乳したあと、10

授乳時間	7 am～ 7 pm のお昼寝時間
7 am	9 am～ 9 :45am
10:45am	11:45am / 12pm～ 2 pm / 2 :30pm
2 pm / 2 :30pm	4 :30pm～ 5 pm
6 :15pm	
10:30pm	お昼寝時間の上限　　4 時間
搾乳の予定時間:　6 :45am / 9 :45pm	

～15分間お乳をあげましょう。

●午前6時に授乳をした場合は、二番目の胸から30～60mlを搾乳したあとに20～25分間お乳を飲ませてください。

●次の授乳に差し支えるため、午前7時45分以降の授乳は控えること。このあと最長2時間は赤ちゃんにしっかり起きていてもらいましょう。

午前8時

●8時前には自分の朝食を食べ始めましょう。

●赤ちゃんの体を拭いてお洋服を着せます。首の下や足の付け根などのくびれ部分や乾燥しているところにクリームを塗りましょう。

午前8時50分

●おむつやドローシーツをチェックし、寝室のカーテンを閉めます。

午前9時

●**9時までには、そろそろ眠くなっている赤ちゃんを脇から下の半ぐるみで包み、ドアを閉めて暗いお部屋で寝かせます。**

●睡眠時間は45分を超えないように。

●哺乳びんや搾乳用の道具を洗って消毒しておきましょう。

午前9時45分

●カーテンを開けて、おくるみを広げ、赤ちゃんが自然に目を覚ますのを待ちましょう。

午前10時

●**何分眠ったかにかかわらず、この時間には完全に目を覚ましていなければいけません。**

●午前7時に両胸を飲みきった赤ちゃんであれば、10時45分の授乳までお腹は持つはずです。7時以前におっぱいをあげて、7時30分に追加分を飲ませた場合は、この10時台の授乳を少しだけ早く始める必要があるかもしれません。

●赤ちゃんをプレイマットに寝かせて存分にキックをさせてあげましょう。

午前10時45分

●前回最後に飲んだ方のおっぱいから20〜25分間授乳しましょう。そのあと二番目の胸から10〜15分間授乳します。その間ママはお水を大ぶりのグラスに1杯飲んでください。

●**次の授乳に差し支えるため、午前11時30分以降の授乳は控えること。**

午前11時30分

●これまでの2時間にパッチリ目が覚めていてよく動いていれば、そろそろ疲れてくるころかもしれません。11時45分にはベッドに寝かす必要があるでしょう。

午前11時45分

●それまで何をしていても、この時間までには寝室に連れて行きましょう。

●ドローシーツを確認して、おむつを替えてください。

●**正午前にはカーテンを閉めて、おくるみで全身もしくは脇から下を包み、ドアを閉めた暗い部屋で寝かせてください。**

午前11時45分／正午〜午後2時／2時30分

●赤ちゃんを2時間半以上寝かせないように気をつけてください。

正午

● 搾乳用の道具を洗って消毒し、ランチを食べて次の授乳まで休息をとってください。

午後2時30分

● 何分寝たかにかかわらず、午後2時30分には赤ちゃんを起こして授乳を始めましょう。

● カーテンを開けて、おくるみを広げ、赤ちゃんが自然に目を覚ますのを待ちましょう。おむつも交換します。

● 前回最後に飲んだ方のおっぱいから20〜25分間授乳してください。それからもう片方のおっぱいから10〜15分間あげてみましょう。その間にママは大ぶりのグラスに1杯お水を飲むようにしてください。

● 次の授乳に差し支えるため、午後3時15分以降の授乳は控えること。

● 午後7時の就寝がうまくいくように、これから午後4時30分までは赤ちゃんを寝かさないようにしてください。

● 午前中に赤ちゃんの目が冴えていてご機嫌であれば、この時間に少し眠くなってしまうかもしれません。厚着をさせすぎないようにしてください。必要以上に暖かいと、赤ちゃんの眠気を誘ってしまいます。

● 赤ちゃんをプレイマットの上に寝かせ、たくさんキックをさせてあげましょう。

午後4時15分

●お昼寝の前におむつを替えましょう。4時30分ごろには湯冷ましか薄めたジュースをあげてください（赤ちゃんが8週目に入って、お水を嫌がって飲まないようであれば、ほんの少量のピーチ・ジュースを混ぜたお水をあげてみてください）。

●次の授乳とお風呂の前に新鮮な空気を吸って赤ちゃんが気持ちよく眠れるように、お散歩に連れ出すのもいいでしょう。

午後5時

●**午後7時の就寝がうまくいくように、5時までに赤ちゃんを起こしてください。**

●最後に飲んだ方のおっぱいから20分間お乳をあげます。もう片方のおっぱいは、お風呂から出るまであげないでください。

午後5時30分

●ママがお風呂と就寝に必要なものを準備する間に、赤ちゃんのおむつをはずしてたくさんキックをさせてあげましょう。

午後5時45分

●5時45分までにお風呂に入れてあげましょう。6時15分までにマッサージをしてパジャマを着せます。

午後6時15分

●6時15分までには授乳を始めましょう。授乳は寝室で、薄明かりの中で行います。赤ちゃんに話しかけたり、目を合わせたりしないようにしてください。

●午後5時におっぱいを飲んでいる場合は、その胸を完全に飲みきるように、同じ胸からさらに10〜15分間授乳します。その後もう片方のおっぱいに切り替えてください。

●午後5時におっぱいを飲んでいない場合は、前回最後に飲んだのと同じ方から始めてください。それぞれの胸から20分間ずつ飲ませます。その間ママはお水を飲むのを忘れないように。

●最後に目を覚ましてから2時間たったところでベッドに連れて行くのがポイントです。

午後7時

●7時までには半ぐるみで赤ちゃんを包んで、ドアを閉めた暗い部屋で寝かせましょう。

午後8時

●次の授乳と搾乳の前においしい夕食を食べ、休息をとりましょう。

午後9時45分

●午後10時30分の授乳のときに、おっぱいの代わりに搾乳した母乳（またはミルク）を哺乳びんであげることに決めた場合は、この時間に両胸から搾乳してください。

午後10時／10時30分

●赤ちゃんが自然に目を覚ませるように、明かりをつけて、おくるみを開きます。しっかりおっぱいが飲めるように、完全に目を覚ますまで少なくとも10分は待ちましょう。午後10時30分にはしっかり目を覚まし、授乳を始めていなければいけません。

●おむつ替えに必要なものを並べます。万が一夜中に必要になったときのために、予備のドローシーツとガーゼのハンカチ、それにブランケット（おくるみ）も用意しておきます。

●前回の授乳で最後に飲んだ方の胸から20分間授乳します。または哺乳びんを使う場合は、指定された量の大半を飲ませてください。おむつを替えて、再びおくるみで体を包みます。

●ここで明かりを落とし、二番目のおっぱいから20分間授乳してください。哺乳びんの場合は、残りをすべて飲ませます。話しかけたり目を合わせたりしないように。

●この授乳には1時間以上かけないようにしてください。

夜中の授乳

●赤ちゃんが午前4時前にお乳をたっぷり飲みすぎて、午前7時の授乳に興味がなくなってしまっている場合は、夜中の寝かしつけのときに湯冷ましを使うようにしてください。お乳の前に、たとえ30～60mlでも湯冷ましをあげると、7時の授乳のときにおっぱいを飲む量が増えるはずです。狙いは、午前7時から午後11時の間に、1日に飲まなければいけない量を全部飲んでもらうことだというのを忘れないでください。毎週体重が180～240グラム増加している赤ちゃんであれば、夜中の授乳の量を減らして、いずれは完全にストップできるように頑張ってみましょう。

●赤ちゃんが午前4時から5時の間に目を覚ました場合は、片方の胸から授乳し、もう片方の胸は7時に搾乳したあとにあげてください。

●赤ちゃんが午前6時に起きた場合は、片方の胸から授乳し、もう片方の胸は7時30分に搾乳したあとあげてください。

●これまでどおり、お部屋の明かりは暗くし、赤ちゃんを刺激するのは最小限に抑えましょう。おむつを替えるのは、どうしても必要なときだけにしてください。

6〜8週目に変えること

睡眠

体重が4キロを超えている赤ちゃんであれば、この時期になると、夜中に長時間眠ることが多いでしょう。ただしそのためには、午前6時〜7時と午後11時の間の授乳で1日に飲まなければいけない量の大半を摂取し、午前7時から午後7時までの睡眠時間が合計4時間以内でなければなりません。数夜連続で長時間眠ったら、たとえ再び早く目を覚ますようになっても、おっぱいをあげるのはやめましょう。

午前中のお昼寝は45分以内、ランチタイムのお昼寝は2時間〜2時間半を超えることがないように。そして夕方のお昼寝は30分以内に抑えてください。夕方は、うたた寝程度ですんでしまうこともありますし、寝るのを完全にやめてしまう赤ちゃんもいます。午後7時になる前に赤ちゃんが眠くなってしまうようであれば、夕方のお昼寝を続けてください。

朝7時まで眠ってもらいたければ、就寝時間は午後7時前後でなければいけません。何かの理由でランチタイムのお昼寝がうまくいかなかったときは、午後2時の授乳のあとに短いお昼寝をさせる必要があるかもしれません。3時くらいに15分ほどウトウトして、その後4時30分から5時の間にもう一度軽くお昼寝する赤ちゃんもいます。

この週数になったら、赤ちゃんを包むときは脇から下を包む半ぐるみにしてください。まず午前9時と午後7時の睡眠のとき、そして8週目の終わりに入るころには、ランチタイムのお昼寝と夜の11時から朝7時の睡眠のときも半ぐるみで寝かせてください。おくるみから体が出てしまうと夜中に目を覚ましてしまう赤ちゃんもいますが、授乳をしたり、おくるみを全身に巻きなおしたりせずに、なんとか赤ちゃんをもう一度寝かしつけてください。

授乳

赤ちゃんが再び朝早く目を覚ますようになってしまっても、赤ちゃんのもとに大急ぎで駆けつける前に10分ほど様子を見るようにしてください。ひとりでもう一度寝つけないようであれば、お水か抱っこで寝かしつけましょう。それでもだめな場合はおっぱいをあげてください。

夜中ではなく、日中の授乳量を増やすようにしてください。ほとんどの赤ちゃんは、午前7時のおっぱいのあとは授乳間隔があいてもぐずることなく待てるはずなので、少しずつ授乳時間を10時45分にずらしていきます。しかし、いまだに朝の5時〜6時に授乳が必要で、そのあと7時〜7時30分に追加分を飲んでいる赤ちゃんだと、10時45分まではお腹が持たず、10時には次の授乳の半量を飲まなければいけないかもしれません。

ほとんどの赤ちゃんは、6週目に二度目の成長期がやってきます。朝一番の搾乳をさらに30ml減らし、8週目が終わるころにはその搾乳をやめてしまってください。こうすれば赤ちゃんの食欲が増えた分を補完することができます。また成長期には、授乳時間によっては、いつもより長めにおっぱいを飲みたがるかもしれません。

ミルク育ちの赤ちゃんであれば、成長期にはまず午前7時、午前10時45分、そして午後6時15分の授乳量を増やしてください。午後10時30分のミルクの量は、夜中の授乳間隔がなかなか延びないときの最終手段として、最後に増やしましょう。そのときも、180ml以上はあげないようにしてください。この時期に、哺乳びんの乳首を3つ穴のものにステップアップする必要のある赤ちゃんもいるでしょう。

母乳育ちの赤ちゃんのためのスケジュール【8〜12週目】

午前7時

- 7時前には赤ちゃんを起こし、おむつを替えて授乳を始めましょう。
- 最初の胸から20分間、そのあと二番目の胸から10〜15分間授乳してください。
- **次の授乳に差し支えるため、午前7時45分以降の授乳は控えること。**
- このあと最長2時間は赤ちゃんにしっかり起きていてもらいましょう。

授乳時間	7 am〜7 pm のお昼寝時間
7 am	9 am〜9 :45am
10:45am / 11am	12pm〜2 pm / 2 :15pm
2 pm / 2 :15pm	4 :45pm〜5 pm
5 pm	
6 :15pm	
10:30pm	お昼寝時間の上限　3 時間30分
搾乳の予定時間:　9 :45pm	

午前8時

●8時前には自分の朝食を食べ始めましょう。

●赤ちゃんの体を拭いてお洋服を着せます。首の下や足の付け根などのくびれ部分や乾燥しているところにクリームを塗りましょう。

午前8時50分

●おむつやドローシーツをチェックし、寝室のカーテンを閉めます。

午前9時

●**9時までに、そろそろ眠くなってくる赤ちゃんを半ぐるみで包んで、ドアを閉めた暗いお部屋で寝かせましょう。**

●睡眠時間は45分を超えないように。

●哺乳びんや搾乳用の道具を洗って消毒しておきましょう。

午前9時45分

●カーテンを開けて、おくるみを広げ、赤ちゃんが自然に目を覚ますのを待ちましょう。

午前10時

●何分眠ったかにかかわらず、この時間までには完全に目を覚ましていなければいけません。
●赤ちゃんをプレイマットに寝かせて存分にキックをさせてあげましょう。

午前10時45分／午前11時

●前回最後に飲んだおっぱいと同じ方から20分間授乳しましょう。そのあと、二番目の胸から10～15分間授乳します。その間ママはお水を大ぶりのグラスに1杯飲みましょう。
●**次の授乳に差し支えるため、午前11時30分以降の授乳は控えること。**

午前11時45分

●それまで何をしていても、この時間までには寝室に連れて行きましょう。
●ドローシーツを確認して、おむつを替えてください。
●**正午前にはカーテンを閉めて、おくるみで全身（もしくは脇から下）を包み、ドアを閉めた**

暗いお部屋で寝かせてください。

正午～午後2時／2時15分

●赤ちゃんを2時間15分以上寝かせないように気をつけてください。

●哺乳びんや搾乳用の道具を洗って消毒しておきます。

午後2時／2時15分

●**何分寝たかにかかわらず、寝かしつけに入った時間から2時間15分たったら赤ちゃんを起こし、2時30分には授乳を始めましょう。**

●カーテンを開けて、おくるみを広げ、赤ちゃんが自然に目を覚ますのを待ちましょう。おむつも交換します。

●前回最後に飲んだ方のおっぱいから20分間授乳してください。そのあともう片方のおっぱいから10～15分間授乳します。その間にママはお水をたっぷり飲むようにしてください。

●**次の授乳に差し支えるため、午後3時15分以降の授乳は控えること。**

●**午後7時の就寝がうまくいくように、これから午後4時45分までは赤ちゃんを寝かさないようにしてください。**

午後4時15分

●おむつを替えて、4時30分までに湯冷ましか薄めたジュースをあげてください。

●午後4時45分から5時の間に、短いお昼寝をするかもしれません。

午後5時

●**午後7時の就寝がうまくいくように、5時までに赤ちゃんをしっかり起こしてください。**

●とてもお腹がすいているようであれば、最後に飲んだ方の胸から10～15分間お乳をあげます。そうでなければ、赤ちゃんに少し待ってもらい、お風呂のあとに両胸を飲ませましょう。12週目ごろには、お風呂を出るまでお腹がすいてぐずることはないはずです。

午後5時30分

●ママがお風呂と就寝に必要なものを準備する間に、赤ちゃんのおむつをはずしてたくさんキックをさせてあげましょう。

午後5時45分

●5時45分までにお風呂に入れてあげましょう。6時15分までにマッサージをしてパジャマを着せます。

午後6時15分

●6時15分までには授乳を始めましょう。授乳は寝室で、薄明かりの中で行います。赤ちゃんに話しかけたり、目を合わせたりしないようにしてください。

●それぞれの胸から20分ずつ飲ませます。その間ママはお水をたっぷり飲んでください。

●最後に目を覚ましてから2時間ほどたったところでベッドに連れて行くのが大切です。

午後7時

●7時前には、眠くなっている赤ちゃんを半ぐるみで包んで、ドアを閉めた暗いお部屋で寝かせます。

午後8時

●次の授乳と搾乳の前に、おいしい夕食を食べ、休息をとりましょう。

午後9時45分

●午後10時30分の授乳のときに、おっぱいの代わりに搾乳した母乳（またはミルク）を哺乳びんであげることに決めた場合は、この時間に両胸から搾乳してください。

午後10時／10時30分

●赤ちゃんが自然に目を覚ませるように、明かりをつけておくるみを開きます。しっかりおっぱいが飲めるように、完全に目を覚ますまで少なくとも10分は待ちましょう。午後10時半にはしっかり目を覚まし、授乳を始めていなければいけません。

●おむつ替えに必要なものを並べます。万が一夜中に必要になったときのために、予備のドローシーツとガーゼのハンカチ、それにブランケット（おくるみ）も用意しておきます。

●前回の授乳で最後に飲んだおっぱいから20分間授乳します。または哺乳びんを使う場合は、指定された量の大半をあげてください。おむつを替えて、再びおくるみで体を包みます。

●**ここで明かりを落とし、二番目のおっぱいから20分間授乳してください。哺乳びんの場合は、残りをすべて飲ませます。話しかけたり目を合わせたりしないように。**

●**この授乳には1時間以上かけないようにしてください。**

夜中の授乳

●赤ちゃんが午前5時前にお乳をたっぷり飲みすぎて、7時の授乳に興味がなくなってしまっている場合は、寝かしつけのときに湯冷ましを使うようにしてください。狙いは、午前7時から午後11時の間に、1日に飲まなければいけない量をすべて飲んでもらうことです。毎週体重が180グラム増加している赤ちゃんであれば、夜中におっぱいを飲まなくても、ママのリードで午前5時まで眠れるはずです。

●赤ちゃんが午前5時に目を覚ましてしまった場合は、まず最初の胸から授乳し、そのあと必要であれば二番目の胸から5〜10分間おっぱいをあげてください。

●赤ちゃんが午前6時に起きてしまった場合は、片方の胸から授乳し、もう片方は7時30分にあげてください。

●夜中は赤ちゃんに刺激を与えないように気をつけてください。おむつを替えるのは、どうしても必要なときだけにしてください。

8〜12週目に変えること

睡眠

体重が5・4キロを超えている赤ちゃんのほとんどは、この時期になれば午後10時30分の授乳のあとは朝まで夜通し眠ることができるはずです。それには、午前7時と午後11時の間に1日の必要摂取量を飲み、午前7時から午後7時までの睡眠時間が3時間半以内でなければいけません。完全母乳の赤ちゃんの場合は、まだ夜中に一度目を覚ますかもしれませんが、午前5時か6時近くまで眠っているのが理想です。

日中のお昼寝時間をさらに30分減らして、合計で3時間になるようにしてください。午前中のお昼寝は最長でも45分で切り上げます。ランチタイムのお昼寝でなかなか眠らない場合は、午前中の睡眠時間を30分に減らしてもいいでしょう。ランチタイムのお昼寝は2時間15分に抑えます。このくらいの月齢になると、ランチタイムのお昼寝がうまくいかないこともあります。通常赤ちゃんは眠り始めてから30〜45分すると、眠りが浅くなります。そのときに、完全に目が覚めてしまう赤ちゃんがいるのです。ここで赤ちゃんにおかしな寝かしつけの癖を刷り込んでしまわないように、自分で再び眠りに戻る方法をきちんと教えてあげてください。この問題に関しての詳細は、第7章を参考にしてください。

ほとんどの赤ちゃんは夕方のお昼寝の時間が短くなってくるころです。しかしそのような兆しが見えなければ、15分以上寝かせないように気をつけてください。なにかの理由でランチタイムのお昼寝がうまくいかなかった場合は、多少長めに寝かせてもかまいませんが、午後5時を過ぎないように気をつけてください。赤ちゃんは半ぐるみにして、ベビーベッドに寝かせてください。赤ちゃんの体を掛けシーツで覆って、丁寧にシーツの両端をマットの下に挟みこんでください。

ベビーベッドの中で動き回って、赤ちゃんの腕や足が柵《さく》に引っかかってしまうことがあります。これは、この月齢の赤ちゃんの多くが目を覚ましてしまう理由のひとつです。その場合は、超軽量の夏仕様のスリーパーを購入することをおすすめします。とても軽いため、その上から掛けシーツをかぶせてマットの下に挟むこともできます。暖めすぎを心配する必要もありません。

授乳

この時期には、1日の授乳回数が5回で定着していることと思います。また、夜通し眠っているか、朝方近くまで起きないようになっているはずです。完全母乳の赤ちゃんが朝早く目を覚ますようになったら、午後10時30分の授乳のあとに搾乳したお乳かミルクを足してみてはどうでしょうか。ほぼ毎日朝7時まで夜通し眠る赤ちゃんであれば、午後10時30分の授乳を3日おきに5分ずつ早めて、午後10時に授乳を始めるようにしてください。午前7時まで夜通し眠り、朝一番の授乳でも両胸からしっかり飲んでいるようであれば、午前10時45分の授乳を続けながら、少しずつ午前11時に近づけていってください。

赤ちゃんが夜通し眠っていない場合は、午後6時15分の授乳を2回に振り分けて、午後5時に10〜15分間授乳をしてあげることもできます。2〜3週間続けて夜通し眠るようになったら、午後5時の授乳をストップしてください。

哺乳びんでの授乳をもう1回分増やそうと考えているのであれば、導入するのに一番いい時間帯は午前11時の授乳です。毎日2〜3分ずつおっぱいを飲ませる時間を減らして、最後にミルクを足すようにします。1週間たったところで、ミルクの量が150〜180mlまで増えていれば、おっぱいが張りすぎて痛むこともなく、楽に授乳1回分の母乳を減らすことができるはずです。ミルク育ちの赤ちゃんであれば、9週目のあたりに来る次の成長期の間は、まず午前7時、午前11時、そして午後6時15分のミルクの量を増やすようにしてください。量は赤ちゃんが欲しがるだけ増やしてください。

赤ちゃんのためのスケジュール【3～4カ月目】

午前7時

● **7時前には赤ちゃんを起こし、おむつを替えて、授乳を始めましょう。**

● 両胸から授乳、またはミルクを全量飲ませてください。これからの2時間は赤ちゃんにしっかり起きていてもらいましょう。

午前8時

● プレイマットの上でキックなどをさせながら、赤ちゃんを20～30分間遊ばせてあげてください。

● 赤ちゃんの体を拭いてお洋服を着せます。首の下や足の付け根などのくびれ部分や乾燥しているところにクリームを塗りましょう。

授乳時間	7 am～ 7 pm のお昼寝時間
7 am	9 am～ 9 :45am
11am	12pm～ 2 pm ／ 2 :15pm
2 :15pm ／ 2 :30pm	
6 :15pm	
10:30pm	お昼寝時間の上限　3 時間
搾乳の予定時間:　9 :45pm	

午前9時

●**そろそろ眠くなってくる赤ちゃんを脇から下の半ぐるみで包んで、ドアを閉めた暗いお部屋で寝かせましょう。**睡眠時間は45分を超えないように。

●哺乳びんや搾乳用の道具を洗って消毒しておきましょう。

午前9時45分

●カーテンを開けて、おくるみを広げ、赤ちゃんが自然に目を覚ますのを待ちましょう。

午前10時

●**何分眠ったかにかかわらず、この時間までには完全に目を覚ましていなければいけません。**

●赤ちゃんをプレイマットに寝かせて存分にキックをさせてあげましょう。

午前11時

●両胸から授乳、またはミルクを全量飲ませてください。

●次の授乳に差し支えるため、午前11時30分以降の授乳は控えること。

午前11時50分

●ドローシーツを確認して、おむつを替えてください。

●正午前にはカーテンを閉めて、赤ちゃんを半ぐるみで包み、ドアを閉めた暗いお部屋で寝かせてください。

正午〜午後2時／2時15分

●赤ちゃんを2時間15分以上寝かせないように気をつけてください。哺乳びんや搾乳用の道具を洗って消毒しておきます。

午後2時／2時15分

●何分寝たかにかかわらず、寝かしつけに入った時間から2時間15分たったら赤ちゃんを起こし、2時30分には授乳を始めましょう。

●カーテンを開けて、おくるみを広げ、赤ちゃんが自然に目を覚ますのを待ちましょう。おむつも交換します。
●両胸から授乳、またはミルクを全量飲ませます。
●**次の授乳に差し支えるため、午後3時15分以降の授乳は控えること。**
●これまでの2回のお昼寝で赤ちゃんがぐっすり眠れた場合は、夜までお昼寝をしなくても大丈夫なはずです。

午後4時15分

●**おむつを替えて、4時30分までに湯冷ましか薄めたジュースをあげてください。**

午後5時30分

●お風呂の準備をしている間に、赤ちゃんのおむつをはずしておむつ替えマットに寝かし、存分にキックをさせてあげましょう。

午後5時45分

●5時45分までにお風呂に入れてあげましょう。6時15分までにマッサージをしてパジャマを着せます。

午後6時15分

●**6時15分までには授乳を始めましょう。**

●両胸から授乳、またはミルクを全量飲ませます。

●明かりを暗くして、片付けをする間に、10分ほどベビーチェアに座らせておきましょう。

午後7時

●**7時までには、眠くなっている赤ちゃんを半ぐるみで包んで、ドアを閉めた暗いお部屋で寝かせましょう。**

午後9時45分

●午後10時30分の授乳のときに、おっぱいの代わりに搾乳した母乳（またはミルク）を哺乳びんであげることに決めた場合は、この時間に両胸から搾乳してください。

午後10時30分

●明かりを薄暗くつけてください。十分授乳ができる程度に、赤ちゃんを起こします。午後10時30分にはしっかり目を覚まし、授乳を始めていなければいけません。

●母乳の場合はおっぱいの大半をあげてください。ミルクの場合は指定量の大半を飲ませましょう。おむつを替えて、再びおくるみで体を包みます。

●**ここで明かりを落とし、残りを飲ませます。話しかけたり目を合わせたりしないように。欲しがらない場合は無理強いしないでください。この時間の授乳量が減り始める時期です。**

●この授乳には30分以上かけないようにしてください。

3〜4カ月目に変えること

睡眠

私のスケジュールに沿って授乳やお昼寝の時間を管理していれば、1日の最後の授乳から朝の6時〜7時まで夜通し眠れるようになっているはずです。朝早く目を覚ますようになってしまったら、お腹がすいているせいだと判断して、午後10時30分の授乳量を増やし、必要であれば、この時間に少し長めに起こしておいてもいいでしょう（169ページを参照してください）。

また、午前7時から午後7時までの合計睡眠時間は、決して3時間を超えないようにしてください。ほとんどの赤ちゃんは夕方のお昼寝の時間が減ってくるころでしょう。お昼寝なしで夕方を乗りきる日もあると思いますが、いつもより5〜10分早めに就寝させる必要があるかもしれません。

何かの理由でランチタイムのお昼寝のときに2時間眠ることができなかった場合には、必ず午後4時～5時の間に30分以下の短いお昼寝をさせてあげてください。そうしないと、就寝時間に疲れがたまりすぎて、寝かしつけるのが大変になってしまいます。

赤ちゃんがほぼ毎日午前7時まで夜通し眠っている場合は、午後10時30分の授乳の時間を徐々に減らして、30分にしてください。この時間の授乳は夜中の授乳と同じように、できるだけ静かに行いましょう。午前5時～6時の間に目を覚ましてしまうようであれば、この最後の授乳のときに、最低でも1時間起こしておきましょう。

たとえおくるみから体が飛び出てしまうようなことがなくても、綿100パーセントの軽量スリーパーに慣れてもらうために、このころから使い始めてみてはどうでしょうか。まだまだ掛けシーツをかけて端をマットの下に挟みこむ必要がありますので、暑すぎることのないように、薄手のものを購入してください。

授乳

午前7時から午後11時の間に1050～1200ml飲んでいるミルク育ちの赤ちゃんであれば、夜中の授乳は特に必要ないはずです。しかしこの時点ですでに体重が6・8キロを超えている大きめの赤ちゃんだと、6カ月に入って離乳食が始まるまで、朝5時～6時に目を覚ましてしまうかもしれません。最近は、離乳食は6カ月を過ぎてから始めるように推奨《すいしょう》されています。赤ちゃんが離乳食を始める準備が整っているように見えたら、保健師さんか小児科医に相談するようにしてください。離乳食を始めるのが早すぎたせいでアレルギーを誘発するリスクを背負うよりも、夜中の授乳を多少遅い時間まで続けるほうがよいのではないでしょうか。

完全母乳の赤ちゃんは、午後10時の授乳で十分飲んでいないと、朝の5時～6時前後にお乳をあげる必要があるかもしれません。母乳かミルクかにかかわらず、赤ちゃんが夜中の授乳をストップする準備が整っているかどうかを判断するよい目安になるのは、午前7時～7時30分の授乳のときの飲み方です。赤ちゃんが必死で飲んでいるようであれば、本当に午前5時～6時ごろにお腹をすかせてしまっているのでしょう。落ち着きがなくイライラして、ミルクを飲むのを嫌がるようであれば、起きてしまう理由は空腹ではなく、習慣になってしまっているせいだと思います。その場合は、湯冷ましや抱っこで赤ちゃんを寝かしつけるように努力してみてください。

午後10時30分の授乳時間を30分に減らしても午前7時まで夜通し眠るうえ、朝7時に飲む量も減っているようであれば、午後10時台の授乳で飲ませる量を減らしてみましょう。それでも午前7時までぐっすり眠るようであれば、そのまま量を減らし続けてください。しかし、6カ月を過ぎて離乳食が軌道に乗るまでは、この時間の授乳を完全にやめてしまわないほうがいいようです。成長期が来る前や離乳食をスタートする前にこの午後10時30分の授乳をやめてしまうと、夜中の授乳が復活する可能性があるからです。

完全母乳で体重が6・3キロを超えている赤ちゃんだと、離乳食がスタートするまでは、成長期の時期にどうしても夜中の授乳が復活してしまうことがあります。

赤ちゃんのためのスケジュール【4～6カ月目】

午前7時

●**7時前には赤ちゃんを起こし、おむつを替えて、授乳を始めましょう。**

●両胸から授乳、またはミルクを全量飲ませてください。これからの2時間は、赤ちゃんにしっかり起きていてもらいましょう。

午前8時

●プレイマットの上でキックなどをさせながら、赤ちゃんを20～30分間遊ばせてあげてください。

●赤ちゃんの体を拭いてお洋服を着せます。首の下や足の付け根などのくびれ部分や乾燥しているところにクリームを塗りましょう。

授乳時間	7 am～7 pm のお昼寝時間
7 am	9 am～9：45am
11am	12pm～2 pm／2：15pm
2：15～2：30pm	
6 pm	
10:30pm	お昼寝時間の上限　3 時間
搾乳の予定時間：　9：45pm	

午前9時

●そろそろ眠くなってくる赤ちゃんを脇から下の半ぐるみで包んで、ドアを閉めて暗いお部屋で寝かせましょう。

睡眠時間は45分を超えないように。

●哺乳びんや搾乳用の道具を洗って消毒しておきましょう。

午前9時45分

●カーテンを開けて、おくるみを広げ、赤ちゃんが自然に目を覚ますのを待ちましょう。

午前10時

●何分眠ったかにかかわらず、この時間までには完全に目を覚ましていなければいけません。

●赤ちゃんをプレイマットに寝かせて存分にキックをさせてあげましょう。お散歩に連れて行くのもいいでしょう。

午前11時

●両胸から授乳、またはミルクを全量飲ませてください。離乳食を早めに始めるようにアドバイスをされた場合は、母乳（ミルク）のあとに離乳食を食べさせます。

●お食事の片付けをする間、赤ちゃんをベビーチェアに座らせてください。

午前11時50分

●ドローシーツを確認して、おむつを替えてください。

●**正午前にはカーテンを閉め、赤ちゃんを半ぐるみで包んで、ドアを閉めた暗いお部屋で寝かせてください。**

●**赤ちゃんを寝かしつけた時間から2時間15分以上寝かせないように気をつけてください。**

午後2時／2時15分

●カーテンを開けて、おくるみを広げ、赤ちゃんが自然に目を覚ますのを待ちましょう。おむつも交換します。

●両胸から授乳、またはミルクを全量飲ませます。

●**次の授乳に差し支えるため、午後3時15分以降の授乳は控えること。**

●これまでの2回のお昼寝で赤ちゃんがぐっすり眠った場合は、就寝時間までお昼寝をしなくても大丈夫なはずです。

午後4時15分

●おむつを替えて、4時30分までに湯冷ましか薄めたジュースをあげてください。
●ランチタイムのお昼寝であまりよく眠らなかった場合は、この時間に短めのお昼寝が必要かもしれません。

午後5時

●お風呂のあとまで授乳をしなくても大丈夫なはずですが、お腹がすいているように見えたら、ここで少しだけ母乳（ミルク）をあげてください。
●お風呂の準備をしている間に、赤ちゃんのおむつをはずしておむつ替えマットに寝かし、存分にキックをさせてあげましょう。

午後5時30分

●お風呂に入れてあげましょう。6時までにはマッサージをし、パジャマを着せます。

午後6時

●赤ちゃんの疲れ具合によって、6時から6時15分の間に授乳を始めましょう。

●両胸から授乳、またはミルクを全量飲ませます。

午後7時

●7時までには、眠くなっている赤ちゃんを、脇の下まで半ぐるみで包み、ドアを閉めた暗いお部屋で寝かせましょう。

午後9時45分

●午後10時30分の授乳のときに、おっぱいの代わりに搾乳した母乳（またはミルク）を哺乳びんであげることに決めた場合は、この時間に両胸から搾乳してください。

午後10時30分

●明かり薄暗くつけてください。十分授乳ができる程度に赤ちゃんを起こします。午後10時30分にはしっかり目を覚まし、授乳を始めていなければいけません。

●母乳の場合はおっぱいの大半をあげてください。ミルクの場合は指定量の大半を飲ませましょう。おむつを替えて、再びおくるみで体を包みます。

●**ここで明かりを落とし、残りを飲ませます。話しかけたり目を合わせたりしないように。欲しがらない場合は、無理強いしないでください。この時間の授乳量が減り始める時期です。**
●この授乳には30分以上かけないようにしてください。

4~6カ月目に変えること

睡眠

日中の4回分のお乳（ミルク）を全部飲んで、お昼寝時間が3時間を超えていなければ、生後4~6カ月の間には、午後10時30分の最後の授乳から午前7時まで夜通し眠るようになっているはずです。まだスリーパーを使っていなければ、この時期に使い始めるのが得策です。この月齢よりも遅くなると、赤ちゃんが嫌がって入りたがらないという問題が起きることがあります。

ハイハイを始めて、ベビーベッドの中で自分の体をうまく動かすことができるようになるまでは、しっかり掛けシーツを固定する必要があります。猛暑のときは、おむつの上に直接スリーパーを着せて、その上から極薄の綿シーツをベビーベッドに横長に敷き、端をマットの下に挟みこみます。

ランチタイムのお昼寝のときにしっかり2時間眠っていない場合は、午前中のお昼寝を20~

30分に減らし、午前11時の授乳を午前10時30分に前倒しします。その後正午ごろに母乳（ミルク）を少し飲ませてから、ランチタイムのお昼寝をさせましょう。

授乳

離乳食が定着するまでは、午後10時30分の授乳を続けるようにしてください。離乳食の開始月齢は、現在は6カ月が推奨されています。4カ月と6カ月の間には成長期も訪れますので、赤ちゃんが必要な栄養分をしっかり摂取できるように気をつけてください。私の経験では、1日4回の授乳では不十分なことが多いようです。

午後10時30分の授乳をなくしてから朝早く目を覚ますようになり、そのあとすんなり寝つかないときは、お腹がすいているせいだと想定して、おっぱい（ミルク）をあげてください。離乳食を始めるまでは、午後10時30分の授乳を復活させてもいいかもしれません。午後10時の授乳を嫌がるのに朝5時にお腹をすかせて目を覚ましてしまうときは、その時点でおっぱい（ミルク）をあげて午前7時まで寝かしつけてください。その場合は、午前10時〜10時30分の間に、いつもより少し早めに次の授乳をする必要があるかもしれません。また、ランチタイムのお昼寝でぐっすり眠るように、寝かしつける前にもう一度授乳してもいいでしょう。

成長期が来ると、赤ちゃんは1日5回の授乳では足りないこともありますので、午前中の授乳を先に述べたような方法で2回に分けたり、午後5時の授乳を復活させたりする必要が出てくるかもしれません。

お乳（ミルク）を余分に足していても赤ちゃんが満足していない様子で、離乳食を始める必要があると感じたら、まずは保健師さんか小児科医に相談しましょう。そこで6カ月が来る前に離乳食を始める必要があると判断されたら、慎重にスタートしてください。この時期の離乳食は、「食べ物の味を経験させるためのもの」として扱ってください。あくまでも母乳やミルクの付け足しにすぎず、代わりになるものではありません。

それを徹底するためにも、母乳やミルクは必ず離乳食をあげる前に飲ませるようにしましょう。まず、午前11時の授乳のあとに、母乳やミルクを混ぜた少量のベビーライスから始めます（訳注：イギリスで売られている離乳食用の粉状のライス。お湯やミルクを足しておかゆをつくることができる）。赤ちゃんがこれを順調に食べ始めたら、この離乳食の時間を夕方6時の授乳のあとに移動します。午前11時の授乳のあとには、離乳食に適した新しい食品を何種類か試してみましょう。

午後6時には赤ちゃんが疲れすぎていて、お乳も離乳食もまともにとれないようであれば、午後5時15分に母乳（ミルク）の3分の2の量を飲ませて、その後離乳食を食べさせます。それから午後6時45分に残りの3分の1を飲ませるようにしてください。この時間に離乳食を食べるようになって量も増えてくれば、午後10時30分の授乳の量は自然と減り始めるはずです。おっぱいを飲んでいる時間が短い、またはミルクであれば60 ml程度しか飲まなくても午前7時まで赤ちゃんがぐっすり眠るようであれば、午後10時30分の授乳をやめても赤ちゃんが早朝に目を覚ますことはないでしょう。

赤ちゃんのためのスケジュール【6～9カ月目】

午前7時

●**7時前には赤ちゃんを起こし、おむつを替えて、授乳を始めましょう。**

●両胸から授乳、またはミルクを全量飲ませてください。そのあと、搾乳したお乳かミルクを混ぜた少量の朝食用シリアルにフルーツを加えて食べさせましょう。

●お食事後の2時間は、赤ちゃんにしっかり起きていてもらいましょう。

午前8時

●プレイマットの上でキックなどをさせながら、赤ちゃんを20～30分間遊ばせてあげてください。

●赤ちゃんの体を拭いてお洋服を着せます。首の下や足の付け根などのくびれ部分や乾燥しているところにクリームを塗りましょう。

授乳時間	7 am〜 7 pm のお昼寝時間
7 am	9 am〜 9 :30am / 9 :45am
11:45am	12:30pm〜 2 :30pm
2 :30pm	
5 pm	
6 :30pm	お昼寝時間の上限　3 時間

午前9時

●**そろそろ眠くなってくる赤ちゃんにスリーパーを着せて（209ページ参照）、ドアを閉めた暗いお部屋で寝かせてください。**

●睡眠時間は30〜45分を超えないように。

午前9時30分／9時45分

●カーテンを開けて、スリーパーを脱がし、赤ちゃんが自然に目を覚ますのを待ちましょう。

午前10時

●**眠った長さにかかわらず、この時間までには完全に目を覚ましていなければいけません。**

●赤ちゃんをプレイマットに寝かせて存分にキックをさせてあげましょう。お散歩に連れ出すのもいいでしょう。

午前11時45分

●離乳食を食べさせてください。お食事がほぼ終わったところで、お水か薄めたジュースをコップやマグから飲ませます。そのあと、残りの離乳食とお乳（ミルク）を繰り返し交互にあげてください。

●お食事の片付けをする間、赤ちゃんをベビーチェアに座らせてください。

午後12時20分

●ドローシーツを確認して、おむつを替えてください。

●**12時30分にはカーテンを閉めて、眠そうな赤ちゃんにスリーパーを着せます。ドアを閉めた暗いお部屋で寝かせてください。**

午後12時30分～2時30分

●**赤ちゃんを寝かしつけた時間から2時間以上寝かせないように気をつけてください。**

●午前中に45分間しっかりお昼寝をした場合は、この時間帯のお昼寝が短くなることもあります。

午後2時30分

●**何分寝たかにかかわらず、2時30分には赤ちゃんを起こして授乳を始めましょう。**

●カーテンを開けて、赤ちゃんが自然に目を覚ますのを待ちましょう。おむつも交換します。
●両胸から授乳、またはミルクを全量飲ませます。
●**次の授乳に差し支えるため、午後3時15分以降の授乳は控えること。**

午後4時15分

●おむつを替えて、4時30分ごろには湯冷ましか薄めたジュースをあげてください。

午後5時

●離乳食を食べさせます。お食事がほぼ終わったところで、コップやマグからお水を少し飲ませてください。ベッドに入る前にたっぷりお乳（ミルク）を飲むように、この時間の水分量は必要最低限に抑えるようにしてください。

午後6時

●6時までにはお風呂に入れます。6時30分までにマッサージをしてパジャマを着せてください。

午後6時30分

●6時30分までには授乳を始めましょう。
●両胸から授乳、またはミルクを210 ml飲ませます。
●明かりを落として、片付けをする間に、赤ちゃんを10分ほどベビーチェアに座らせておきましょう。

午後7時
●7時前には、ドアを閉めた暗いお部屋で、眠くなっている赤ちゃんを寝かせましょう。

6~9カ月目に変えること

睡眠

1日3回の離乳食が定着したら、午後7時から午前7時まで夜通し眠ることができるはずです。近年のガイドラインに従って6カ月目に離乳食を始めた場合は、7カ月前後になるまで午後10時30分に少しだけ母乳（ミルク）をあげる必要があるかもしれません。赤ちゃんが6カ月になる前に離乳食を始めるようにアドバイスを受け、6カ月の時点ですでに離乳食がしっかり軌道に乗っている場合は、午後10時30分の授乳を早めにやめてしまうこともできるはずです。

6カ月を超えた時点で、ほとんど毎日朝の7時までぐっすり眠っている赤ちゃんであれば、午前9時のお昼寝を午前9時30分まで遅らせるように努力してみましょう。こうすることで、ランチタイムのお昼寝の開始時間を午後12時30分に近づけることができます。これは、離乳食が定着して1日に3回きちんとお食事をするようになったときに、ランチの時間が午前11時45分から正午ごろになりますので、それに合わせて時間を修正するためです。

3回食が定着すると、朝遅くまで眠っている赤ちゃんもでてきます。朝8時近くまで起きないようであれば、午前中のお昼寝は必要ないでしょう。しかし午後12時30分のランチタイムのお昼寝の時間までは起きていられないかもしれないので、午後12時15分にはお昼寝に入れるように、ランチを午前11時30分前後にする必要があるかもしれません。

6〜9カ月の間は寝返りを始めるころなので、うつ伏せで寝るほうを好む赤ちゃんもいます。その場合は、シーツやブランケットが体にからまってしまわないように、はずしてしまいましょう。ブランケットがなくなった分、冬の時期は薄手のスリーパーを厚めのものと交換する必要があります。

授乳

離乳食の開始を6カ月まで待った場合は、できるだけたくさんの種類の食品を食べさせてあげてください。新しい食品を2日おきに取り入れて、量を増やしていきます。ランチタイムと午後5時の夕食の時間に適度に離乳食を食べているようであれば、朝食の時間に離乳食を始めてみてもいいでしょう。7カ月ごろには、生まれたときに赤ちゃんの体内に蓄積されていた鉄分がすべてなくなってしまっているので、ランチの時間に必ずたんぱく質を食べさせるようにしてください。

6カ月よりも早く離乳食を始めるようにアドバイスを受けた場合は、赤ちゃんが6カ月になったらすぐにたんぱく質を食べさせることができます。消化器官もさまざまなタイプの食べ物を消化するのに慣れているころでしょう。

赤ちゃんが6~7カ月になったら、ランチのときにコップやトレーニングマグを使わせるようにしてください。また、「サンドイッチ方式」と呼ばれる食べ方で、離乳食とミルクを交互にあげてください。このときに飲むミルクの量が60 ml程度になったら、ミルクの代わりにお水や薄めたジュースをコップからあげるようにしましょう。これはランチのときに赤ちゃんがたんぱく質を摂取するようになったら始めてください。この時間のミルクを卒業したら、午後2時半の授乳量を増やす必要があるかもしれません。しかしそれによって就寝前の授乳量が減りすぎるようであれば、そのままの量でとどめておきましょう。

6~7カ月の間に、午後5時の授乳の時間をきちんとした夕食の時間に変えてください。お水もコップかマグから与えます。その後午後6時30分にお乳(ミルク)を欲しがるだけあげましょう。

哺乳びん育ちの赤ちゃんは、9カ月目ごろには、お水、薄めたジュース、ミルク等の飲み物は、コップかマグで飲めるようになっているとよいでしょう。

赤ちゃんのためのスケジュール【9～12カ月目】

午前7時

●**7時前には赤ちゃんを起こし、おむつを替えて、授乳を始めましょう。**

●両胸から授乳、またはミルクをコップやマグから全量飲ませてください。その後、搾乳したお乳かミルクを混ぜた少量の朝食用シリアルにフルーツを加えて食べさせましょう。

●お食事後の2時間～2時間半は、赤ちゃんにしっかり起きていてもらいましょう。

午前8時

●プレイマットの上でキックなどをさせながら、赤ちゃんを20～30分間遊ばせてあげてください。

●赤ちゃんの体を拭いてお洋服を着せます。首の下や足の付け根などのくびれ部分や乾燥しているところにクリームを塗りましょう。

午前9時15分／9時30分

授乳時間	7 am～7 pm のお昼寝時間
7 am	9：15am ／ 9：30am～10am
11:45am	12:30pm～2：30pm
2：30pm	
5 pm	
6：30pm	お昼寝時間の上限　　3 時間

●そろそろ眠くなってくる赤ちゃんを、ドアを閉めた暗いお部屋でお昼寝させます。

●睡眠時間が30～45分を超えないように気をつけてください。

午前9時30分～9時45分

●カーテンを開けて赤ちゃんが自然に目を覚ますのを待ちましょう。

午前10時

●何分眠ったかにかかわらず、この時間までには完全に目を覚ましていなければいけません。

●赤ちゃんをプレイマットに寝かせて存分にキックをさせてあげましょう。お散歩に連れ出すのもいいでしょう。

午前11時45分

●離乳食の時間です。お食事がほぼ終わったところで、お水か薄めたジュースをコップやマグから飲ませます。その後は、残りの離乳食と飲み物を交互にあげてください。
●お食事の片付けをする間、赤ちゃんをイスに座らせるようにしてください。

午後12時20分
●ドローシーツを確認して、おむつを替えてください。
●**12時30分まではカーテンを引いて、ドアを閉めた暗い部屋で寝かせます。睡眠時間が2時間を超えないように気をつけてください。**
●午前中に45分間しっかりお昼寝をした場合は、この時間帯のお昼寝が短くなることもあります。

午後2時30分
●**何分寝たかにかかわらず、2時30分には赤ちゃんを起こして授乳を始めましょう。**
●カーテンを開けて、赤ちゃんが自然に目を覚ますのを待ちましょう。おむつも交換します。
●**両胸からおっぱいをあげるか、ミルク、お水、もしくは薄めたジュースをコップやマグから飲ませてください。**
●**次の授乳に差し支えるため、午後3時15分以降の授乳は控えること。**

午後4時15分

●おむつを替えて、4時30分までに湯冷ましか薄めたジュースをあげてください。

午後5時

●離乳食を食べさせます。お食事がほぼ終わったところで、コップかマグからお水やミルクを少し飲ませてください。ベッドに入る前にたっぷりお乳（ミルク）を飲むように、この時間の水分量は必要最低限に抑えるようにしてください。

午後6時

●6時までにはお風呂に入れます。6時30分までにはマッサージをしてパジャマを着せます。

午後6時30分

●**6時30分までに授乳を始めましょう。**

●両胸から授乳、またはミルクを全量飲ませます。1歳になってコップやマグを使い始めるころには、この量を150〜180mlまで減らします。

●明かりを落として、片付けをする間、赤ちゃんを10分ほどイスに座らせておきましょう。

午後7時
●7時までに、ドアを閉めた暗いお部屋で赤ちゃんを寝かせましょう。

9〜12カ月目に変えること

睡眠

この月齢になると、お昼寝時間がかなり短くなる赤ちゃんがほとんどです。朝方目を覚ますのがだんだん早くなってきたら、お昼寝の合計時間を減らしてみてください。

一番はじめに短くするのは、午前中のお昼寝です。45分間眠っている場合は、30分まで減らすようにしてください。すでに午前中のお昼寝時間が30分だった場合は、10〜15分まで減らしてみましょう。ランチタイムのお昼寝時間が1時間半になる赤ちゃんもいるかもしれませんが、そうなると夕方には疲れがたまって機嫌が悪くなってしまいます。その場合は、午前中のお昼寝を一気にやめて、午後のお昼寝が改善するかどうか試してみてください。赤ちゃんが12時30分のお昼寝の時間まで起きていられないようであれば、ランチの時間を少しだけ早めなくてはいけないかもしれません。

ベビーベッドでたっちをしだす赤ちゃんもいますが、元の状態に戻れずにかんしゃくを起こす子もいます。その場合は、赤ちゃんを寝かせるときに、自分で横になれるように練習させてあげてください。たっちとお座りがじょうずにこなせるようになるまでは、赤ちゃんのお部屋に行って、もう一度寝転がるのを助けてあげる必要があるかもしれません。そのときは、騒がずにお話も最小限にとどめて行ってください。

授乳

午後6時30分の授乳のときに飲む量が減り始めたら、午後2時30分の量を減らすか、あげるのを完全にやめてしまいましょう。1歳までに午後2時30分の授乳を欲しがらなくなる赤ちゃんはたくさんいます。シリアルや離乳食に使われるミルクの量を含めて、1日に最低350ml飲んでいれば、摂取量は十分です。

3回食がしっかり定着し、自分でお食事を口に運べることもあるでしょう。9カ月になったら、ミルク育ちの赤ちゃんは、朝食時と午後2時30分のミルクは、コップかマグから飲ませるようにしてください。

1歳になるまでには、ミルクやその他の飲み物は、必ずコップかマグから飲ませるようにしましょう。

第7章　よくあるトラブル

この章では、生後1年目によく起きるトラブルの代表例を集めました。ママの悩みの大部分をカバーできていると思います。

しかし心配事がある場合は、小さな問題のように思えても、保健師さんか小児科医に相談しましょう。心配は抱え込まず、かけがえのない1年間を赤ちゃんと一緒に存分に楽しんでください。

ここでは項目を、大きく「一般的なトラブル」「授乳（食事）に関するトラブル」「睡眠に関するトラブル」の3つに分けましたが、重複している部分も多々あります。授乳と睡眠の問題は密接に関係しているので、章全体を通して読んだほうが参考になるかもしれません。

一般的なトラブル

げっぷ

いつげっぷをさせるかは、赤ちゃんのペースに合わせるのが大切です。絶えず授乳を中断してげっぷをさせようとすると、赤ちゃんがイライラして泣き出すために、かえって余計な空気がお腹に入ってしまいます。延々と背中をさすったり、赤ちゃんがげっぷをしたがっていると思い込んで無理強いしているママをよく目にします。しかしたいていは、授乳中に一度、授乳が終わったあとに一度げっぷをさせれば十分です。

母乳の赤ちゃんはげっぷをしたくなると、おっぱいから口を離します。最初の胸を飲み終わるまで赤ちゃんが口をはずしていなければ、二番目のおっぱいをあげる前にげっぷをさせてもいいでしょう。ミルクの赤ちゃんは、通常半分から3分の2を飲んだ時点で、げっぷをするために顔を背《そむ》けます。母乳かミルクかにかかわらず、69ページと87ページに示した正しい抱き方をしていれば、授乳中も授乳後も素早く簡単にげっぷをさせることができるはずです。数分以内にげっぷが出ない場合は、無理はせず、またあとで試してみましょう。おむつを替えるために平らに寝かせたあとにげっぷが出ることが多いようです。

ときどきおならが異常に出る赤ちゃんもいます。赤ちゃんにとってはかなり不快で、苦痛なこともあります。母乳で育てているママは、特定の食べ物や飲み物が赤ちゃんのおならの原因になっているかどうかを確認するために、食事内容をチェックしてください。ママが柑橘《かんきつ》系のフルーツや飲み物を過剰に摂取すると、ときに赤ちゃんのひどいおならを誘発する場合があります。他にもチョコレートや乳製品の食べすぎも原因になることがあります。

後乳が出てくるまで赤ちゃんがしっかりおっぱいを飲みきっているかどうかを、必ず確認してください。前乳ばかり飲みすぎるとお腹の調子が悪くなって、おならが出すぎることがあります。

気泡のできにくい哺乳《ほにゅう》びんを使っているのに、お腹に空気が過剰に入る場合は、ミルクの与えすぎが原因のことが多いようです。ミルク缶に書かれている1日の目安量を絶えず90～180ml超えていて、毎週体重が220グラム以上増えている場合は、試しに1日2回分（午後2時半か5時の分）の授乳の量を、数日間減らしてみてください。お腹がすいているというより、何かを吸っていること自体が好きな赤ちゃんもいるので、授乳量を少なくして、そのあとおしゃぶりをあげてみてもいいでしょう。

赤ちゃんの吸う力に対して、哺乳びんの乳首の穴が小さすぎるか大きすぎると、空気が過剰に入り込んでしまうことがあります。穴の大きさを変えて試してみましょう。

コリック

コリック（疝痛《せんつう》）は、生後3カ月未満の赤ちゃんによくあるトラブルです。赤ちゃんはもちろん親もつらい思いをすることになりますが、今のところ治療法はありません。

コリックは昼夜を問わず赤ちゃんに襲いかかりますが、もっとも頻繁に起きるのは午後6時から深夜12時にかけてのようです。親は絶えず授乳をしたり、ゆらゆら抱っこをしたり、背中をさすったり、近くにドライブに出かけたりすることになりますが、多くの場合症状を和らげるにはいたらないようです。コリックは4カ月ごろには出なくなることが多いのですが、そのころまでには赤ちゃんがたいてい誤った寝かしつけの癖を身につけてしまっているために、ママたちは行き詰まってしまいます。

コリックの症状を示す赤ちゃんのことで助けを求めるママたちが、私に連絡をしてきて、赤ちゃんの様子——何時間も叫び続け、手足をバタバタさせながら痛みで体をよじる様子——を説明してくれますが、これらの赤ちゃんにはひとつ共通点があります。みな赤ちゃん主導のディマンド・フィードで育っているのです。この方法で授乳をしていると、往々にして、赤ちゃんが最初のお乳を消化しきる前に次の授乳が始まります。これがコリックを引き起こす原因のひとつだと私は考えています。

私がお世話してきた赤ちゃんは、ひとりとしてコリックの症状に悩まされたことはありませんでした。これは生後1日目から授乳と睡眠時間をきちんとスケジュール管理していたおかげだと確信しています。すでにコリックの症状に苦しめられている赤ちゃんのお世話を頼まれたときは、私の生活スケジュールを使うと、24時間以内に症状が解消されるようでした。

まずはコリックの原因がママの食生活ではなく、ディマンド・フィードのせいかどうかをチェックします。それから赤ちゃんの月齢、症状、それに夜中の授乳の頻度を参考にして、糖水を取り入れてみます。生後1〜3カ月の赤ちゃんで、夜中に飲むおっぱいの量が多すぎて、推《す》奨《しょう》されている以上に毎週体重が増え続けている場合なら、夜中の授乳の1回を糖水に切り替えます。赤ちゃんが夜中に起きてしまったら、小さじ半分程度のお砂糖を混ぜた湯冷まし120mlをあげて寝かしつけるのです。このとき何も入っていない湯冷ましでは、同じ効果は得られないようです。

夜中にしっかり眠っていなくても、次の日には赤ちゃんを必ず午前7時に起こします。それから午後6時半までスケジュールどおりに進めますが、6時台の授乳で赤ちゃんのお腹を十分満たすために、母乳育ちの赤ちゃんには必ず搾《さくにゅう》乳したおっぱいを足すようにします。こうすれば2時間後にもう一度授乳をする必要がなくなるからで、これがコリックに悩む赤ちゃんによくあるパターンなのです。ミルク育ちの赤ちゃんの場合は、6時台の授乳でたっぷりミルクを飲むように、午後2時半の授乳の量を控えめにします。

生後3カ月以上の赤ちゃんであれば、夜中の授乳を一気にやめてしまうか、せめて一度ですませるようにしています。どちらの場合も、午後6時15分にたっぷりおっぱいを飲ませるのがポイントで、必要であれば搾乳したお乳を足します。夕方に母乳の出が悪くなると、赤ちゃんの飲む量が減って授乳の頻度が高くなるため、結果的に赤ちゃんがおっぱいをきちんと消化できなくなってしまうのです。

たいていの赤ちゃんは、初日の夜からじょうずに寝つきますが、ときどきコリックのせいで寝かしつけのときに悪い癖がついてしまった子もいます。このような赤ちゃんのときには、ひとりで寝つく方法を教えるために、睡眠トレーニングを行います。3～4日もするとすんなり寝ついて、午後10時30分の授乳までぐっすり眠ってくれるようになります。しっかり睡眠をとったうえに6時の授乳から優に4時間はたっているので、お腹いっぱい飲んで、夜の睡眠時間もさらに長くなります。

このときの授乳では、月齢に従って、お乳（ミルク）か糖水をあげてください。生後3カ月以上で、最後の授乳から午前6時～7時まで眠れる赤ちゃんであれば、1週間糖水を与えてみてください。夜中に起きるのが一晩に一度に落ち着いたら、普通のお水を飲むようになるまで少しずつお砂糖の量を減らしていきます。

この方法と私のスケジュールを併用すれば、コリックに悩み、悪い寝かしつけの癖がついてしまっている赤ちゃんも、通常2週間ほどで夜通し眠るようになるでしょう。この方法が成功するかどうかは、最初の週に糖水を飲ませるかどうかが大きな鍵を握っています。ただのお水では同じ成果は得られません。なぜ糖水だとこんなに効果があるのか私にもよくわかりませんが、実はこれは25年前に先輩ナニーから教わったノウハウなのです。効果がなかったことはこれまで一度もありませんでした。

赤ちゃんが甘い物好きになったり、さらに悪いことに虫歯になるのではと心配するママもいますが、糖水が使われるのはほんの短期間ですし、問題が起きたことは一度もありません。また嬉しいことに、私のこのアドバイスが、オーストラリアのブリスベンにある王立小児病院のピーター・ルウィンドン博士のコリックに関する最近の研究で、正しいと裏付けられたのです。研究によると、お砂糖には体がつくりだす自然の鎮痛作用を促す働きがあり、コリックに悩む赤ちゃんにもこの糖水効果が期待できるようです。

泣いているときには

有名な育児本でよく紹介される数字ですが、幼い赤ちゃんのほとんどは、平均して1日合計約2時間を泣いて過ごすそうです。これは、ロンドン大学のトーマス・コラム・リサーチ・ユニットの発表と一致します。彼らの主張では、赤ちゃんが泣くのは6週目にピークを迎え、25パーセントの赤ちゃんは1日のうち最低4時間は泣いたりぐずったりしているそうです。またセントジェームス‐ロバーツ博士は、赤ちゃんが泣いている時間の40パーセントは午後6時から深夜12時の間だと主張しています。

『0歳児の心の秘密が分かる本——赤ちゃんて、どうして泣きやんでくれないの?』の著者であるオランダ人研究家のヴァン・デ・リート氏とプローイユ氏は、20年の歳月をかけて赤ちゃんの発達を研究してきました。彼らによると、生後1年の間に7段階の神経学的変化があり、それぞれのステージを通過しているときに、赤ちゃんは要求が多く、手がかかるようになるそうです。

月齢の低い赤ちゃんでは、生後3週目と6週目に特に機嫌の悪い時期を迎えるような気がします。これはちょうど成長期と重なっていることが多いようです。

私が担当する赤ちゃんも、もちろん泣きます。おむつを替えているときに泣く子もいれば、お顔を洗っているときに泣く子もいます。ベビーベッドに寝かされても眠りたくなくて泣く子もたまにいます。眠りたがらない赤ちゃんの場合は、お乳も十分飲み、げっぷもして、眠る準備ができているのはわかっていますので、とても厳しく接します。騒いで大声をあげていても、10〜12分ほどそのままにしておくと、最後は自分で寝つくのです。赤ちゃんが本当に泣きじゃくった経験はこのパターンだけで、それですら担当した赤ちゃんの少数ですし、1〜2週以上続くことはありませんでした。

当然のことながら、どんな親でも赤ちゃんが泣くのを見たくはありません。赤ちゃんを眠らせるためにベビーベッドにひとり残して泣かせたままにしておくと、精神的ダメージを受けるのではと心配する人も多いでしょう。しかしここでママたちに安心してもらいたいのは、きちんとおっぱいを飲ませ、睡眠や寝かしつけのガイドラインを守りながらスケジュールを実践していれば、その心配はないということです。長いスパンで考えれば、赤ちゃんはひとりで眠りにつくことができるハッピーな子どもに成長してくれるはずです。一人目の子どもをディマンド・フィードで育て、二番目の赤ちゃんのときに私のスケジュールを実践したママの多くは、私のメソッドのほうがはるかに優れていて、長期的に見れば一番楽な方法だったと心から支持してくれています。

シカゴ小児記念病院内の睡眠障害センターの所長であるマーク・ワイズブルース医師は、著書の中で、ママたちは「赤ちゃんを泣かせたままにしている」のであって、「ママのせいで赤ちゃんが泣いている」わけではないことを覚えておくように、とメッセージを送っています。また、泣かせたままにされたことがないと、大きくなってからひとりで寝つく方法を身につけるのがもっと大変になるとも言っています。ですから、赤ちゃんが寝つこうとしているときにしばらくの間泣かせていても、罪悪感を抱いたり、残酷だと思うのはやめましょう。しっかりおっぱいを飲んで、疲れすぎない程度に起きていた赤ちゃんであれば、あっという間にひとりで寝つくようになります。

以下のリストは、健康な赤ちゃんが泣くときの主な理由です。赤ちゃんが泣いている原因を突き止めるためのチェックリストにしてください。リストのトップは「お腹がすいた」です。赤ちゃんの月齢が低いときは、お腹がすいているようであれば、生活スケジュールの時間どおりではなくても、必ず授乳してください。

〈お腹がすいた〉

赤ちゃんがごく小さなうちは、ぐずっていたらお腹がすいているせいだと判断して、たとえ授乳時間がまだでも、おっぱいをあげたほうがいいでしょう。

月齢の低い母乳育ちの赤ちゃんで、しっかりおっぱいを飲み、しばらく遊んだあとは次の授乳時間までぐっすり眠る理想的な赤ちゃんなのに、夕方になるとなぜか落ち着きがなくなるときは、空腹が原因の可能性が高いでしょう。たとえ毎週順調に体重が増えていても、お腹がすいているかどうかは、赤ちゃんがぐずる理由として必ず確認してください。

朝はおっぱいの出が十分なママでも、夕方になって疲れがたまってくると母乳の出が激減することがあります。お風呂のあとに、搾乳したお乳を数日間足してみてください。それでうまく寝つくようになったら、夕方にお乳の出が悪くなっているということです。この問題への対処法は、260ページを参考にしてください。

しかし、おっぱいは十分飲んでいるのに夕方になるとぐずぐずいうときや、一日中機嫌が悪いときには、赤ちゃんのイライラの理由を消去法で特定していきましょう。

〈疲れ〉

生後6週未満の赤ちゃんは、1時間目を覚ましていれば疲れがたまってきます。すぐに寝つくほど眠いわけではないかもしれませんが、落ち着いた静かな時間を過ごせるように心がけてあげてください。すべての赤ちゃんが「ママ、疲れた」とわかりやすくサインを送ってくれるわけではありません。ですから最初のうちは赤ちゃんが1時間ほど目を覚ましていたら、徐々にリラックスできるように、子ども部屋か寝室に連れて行くか、家の中で一番静かなところを見つけてあげてください。

〈疲れすぎ〉

3カ月未満の赤ちゃんは、決して続けて2時間以上起こしておいてはいけません。疲れすぎて、じょうずに寝つくことができなくなります。

赤ちゃんが疲れすぎてしまうのは、興奮させすぎるのが原因のことが多いようです。赤ちゃんが疲れすぎると、ウトウトと自然に眠りにつくことはできなくなります。疲れていればいるほど、眠らないように頑張ってしまうのです。3カ月未満の赤ちゃんがこの状態に陥って2時間以上目を覚ましていると、うまく寝かしつけることはほぼ不可能です。

このような場合には、問題を解決するために、最終手段として短時間泣かせておくという方法をとらなければいけなくなってしまいます。その場合も、赤ちゃんが満腹で、げっぷの問題もないと確信できるときだけにしてください。

〈退屈だ〉

たとえ生まれたての赤ちゃんであっても、眠ってばかりいるわけにはいきません。昼間の授乳のあとは、しばらくの間目を覚ましていられるように、一緒に遊んであげましょう。生後1カ月未満の赤ちゃんは、白黒のもの、特に顔の絵などを見つめているのが大好きです。しかし赤ちゃんが一番喜ぶのは、パパとママの顔でしょう。

おもちゃは「遊びの時間」用と「リラックスの時間」用に分けてください。カラフルで派手なものを遊び用に、落ち着きのある色柄で、癒《いや》し効果のあるものをリラックス用に使いましょう。

〈げっぷ・おならがしたい〉

どんな赤ちゃんでも、授乳の間にある程度は空気を吸い込みます。ミルク育ちの赤ちゃんのほうが母乳の子よりもその傾向が強いようです。ママが手を貸せば、ほとんどの赤ちゃんは簡単に空気を押し上げます。

赤ちゃんが泣いているのはお腹に入った空気のせいだと思ったら、まず授乳間隔が十分あいているかどうかを確認しましょう。私は、月齢の低い赤ちゃんのコリックは、おっぱいのあげすぎやディマンド・フィードが主な原因だと考えています。母乳育ちの赤ちゃんは、飲んだおっぱいを消化するのに最低でも3時間かかりますし、ミルクの赤ちゃんの場合は3時間半から4時間見ておくべきです（これらの時間はいつも授乳を始めた時間から次の授乳の開始時間までで計ってください）。

赤ちゃんの体重増加にも注意を払ってください。１週間に240～300グラム以上体重が増えていて、お腹に入った空気のせいで痛みを感じているようであれば、おっぱい（ミルク）のあげすぎかもしれません。体重が３・６キロを超えていて、夜中に二度も三度も授乳をしている場合は特に注意しましょう。この問題の対処法の詳細は、91ページを参照してください。

おしゃぶり

育児関係の専門家の大多数は、「おしゃぶりを使う」というと顔をしかめます。何かを吸っていたければ、自然と自分の親指を吸うようになるはずだというのが彼らの言い分です。赤ちゃんでも、ほとんどの子は親指を口に運ぶことはできますが、楽しんで吸い続けられるほど長い間口に入れておける赤ちゃんには、私はまだお目にかかったことがありません。現実には、親指を口にとどめておけるほど十分に運動機能が発達するには、ほぼ３カ月はかかります。

慎重に使えば、おしゃぶりは素晴らしい武器になると思います。何かを吸っていることが大好きな赤ちゃんには特に効果的でしょう。しかし、ここで大切なことを強調しておかなければいけません。決してベビーベッドの中で赤ちゃんにおしゃぶりをあげないこと、また、おしゃぶりを吸わせながら赤ちゃんを寝かしつけないことの二点です。赤ちゃんをなだめたり、もし必要であれば、ねんねの時間に落ち着かせるために使うのはかまいません。**しかし眠り込んで**

しまう前に必ずおしゃぶりをはずすことが大切です。少しの間泣き叫ぶかもしれませんが、すぐに「おしゃぶりは眠っている間に欲しがるものではない」と学ぶはずです。赤ちゃんの口におしゃぶりを入れたまま眠らせてしまうのは、直すのがもっとも大変な寝かしつけの癖のひとつです。一晩に何度も目を覚まし、そのたびにもう一度寝つくためにおしゃぶりを欲しがるようになります。これは、眠りに落ちる直前に赤ちゃんの口からおしゃぶりをはずせば、簡単に避けられる問題なのです。

私はたくさんの赤ちゃんにおしゃぶりを使ってきましたが、深刻な問題に直面したことはありません。使う状況をじょうずに選べば、3カ月になるころには、ほとんどの赤ちゃんがおしゃぶりを受けつけなくなるようです。赤ちゃんが4カ月になってもまだおしゃぶりを使っているようであれば、2週間ほどかけて少しずつ卒業させてください。それ以上使わせていると、おしゃぶりが手放せなくなる恐れがあります。

私は特別な形のものではなく、ごく普通のおしゃぶりを使うことが多いのですが、今のところそのせいで歯の噛《か》み合わせが悪くなってしまった赤ちゃんは、ひとりもいませんでした。歯並びが悪くなるのは、歯が生えてからもおしゃぶりを乱用していると起こりやすいようです。

しゃっくり

しゃっくりは小さな赤ちゃんであれば極めて一般的ですし、そのせいで苦しむ赤ちゃんもほとんどいません。

しゃっくりは授乳のあとによく出ます。夜中の授乳後、赤ちゃんの眠る準備が整ったら、たとえしゃっくりが出ていても、そのまま赤ちゃんを寝かせてしまっていいでしょう。しゃっくりが止まるまで待っていたら、あなたの腕の中で赤ちゃんが眠りだしてしまう可能性もあり、そちらのほうが避けるべき状況です。

お乳の吐き戻し

げっぷをしたときや授乳のあとに、赤ちゃんがほんの少量お乳を吐き出してしまうのはよくあることです。これは吐き戻しと呼ばれるもので、ほとんどの赤ちゃんの場合は問題になりません。

しかし、赤ちゃんの体重が毎週240グラム以上増加している場合は、お乳（ミルク）の飲みすぎかもしれません。ミルク育ちの赤ちゃんであれば、どれだけ赤ちゃんが飲んでいるのかがわかるので、問題は簡単に解決できます。ミルクをよく吐き戻してしまう時間帯の授乳量を少しだけ減らしてください。母乳育ちの赤ちゃんだと、どれだけ飲んでいるかはわかりにくいと思いますが、どの時間帯の授乳のときに吐き戻しが起きているかをメモしておいて、その授乳のときにおっぱいをあげる時間を短くすることで、吐き戻しが減るかもしれません。

赤ちゃんが過剰に吐き戻し、体重も増えていないようであれば、「胃食道逆流症」と呼ばれる病気かもしれません。

お乳を戻すことが多い赤ちゃんは、授乳後にできるだけ体を縦に起こしておくのが大事です。げっぷをさせるときにも、特に注意してください。

赤ちゃんが2回続けてお乳（ミルク）をすべて吐き出してしまった場合は、すぐに医師の診察を受けてください。

授乳（食事）のトラブル

授乳のときに機嫌が悪くなる
大多数の新生児は、時間もかからず簡単におっぱいや哺乳びんに慣れてしまいます。授乳についてたくさんのことを学ばなければいけない新米ママとは違って、赤ちゃんは本能的に何をすればいいかがわかっているのです。しかしたまに、乳首をふくませようとするやいなや、1日目から大騒ぎして嫌がる赤ちゃんもいます。
授乳の時間になると赤ちゃんがぐずって気難しくなる場合は、その時間にお客さまを呼ぶのは控えましょう。どんなに親戚やお友だちが気を使ってくれても、お話ししなければいけないとなると、なかなか完全にリラックスして授乳をすることはできません。

母乳・ミルクに関係なく、次のガイドラインを参考にすれば、機嫌の悪い赤ちゃんへの授乳も少し楽になるはずです。

● イライラしやすく敏感な赤ちゃんは、できるだけそっとしておいてあげましょう。特に授乳の前に刺激を与えすぎたり、いろいろな人が赤ちゃんを順番に抱っこしたりするのはやめましょう。

● 授乳は穏やかな雰囲気の静かなお部屋で行ってください。お手伝いしてくれる人等必要な人以外は、お部屋に入らないようにしましょう。

● 授乳に必要なものは前もって準備しておきましょう。体をしっかり休めてお食事もとるように心がけてください。

● 授乳中はテレビをつけるのはやめましょう。電話線も抜いて静かな音楽を流すようにしてください。

● 赤ちゃんが授乳のために目を覚ましても、おむつを替えてはいけません。それが引き金となって泣き出してしまうかもしれません。

● 手足をばたつかせるのを防ぐために、柔らかい綿のシーツでしっかり赤ちゃんを包んでください。ゆったりとした気持ちで授乳を始めましょう。

● 赤ちゃんが泣いているのにおっぱいをくわえさせようとしたり、哺乳びんの乳首を口に押し込むのはやめてください。授乳の体勢で赤ちゃんを抱き寄せて、背中を優しく叩きながら落ち着かせてあげましょう。

● 赤ちゃんの口におしゃぶりを入れてみましょう。落ち着きを取り戻して数分間吸い続けたら、素早くおしゃぶりを抜き出して、代わりにおっぱいか哺乳びんをあげてみてください。

それまで順調にお乳やミルクを飲んでいたのに、急におっぱいや哺乳びんを嫌がるようになったら、体の調子が悪いせいかもしれません。中耳炎は発見するのが難しく、おっぱいを欲しがらない赤ちゃんにとてもよくある原因です。赤ちゃんが次のような症状を示していたら、医師の診断を仰いでください。

● 急に食欲がなくなり、授乳しようとすると機嫌が悪くなる。
● いつもの睡眠パターンが崩れている。
● 突然甘えん坊になり、ぐずってばかりいる。
● だるがって遊びたがらない。

夜中の授乳回数が多すぎる

ディマンド・フィードの赤ちゃんも含めて、どんな赤ちゃんでも4～6週になると、一度は授乳と授乳の間に長めに眠るようになるはずです。ベアトリス・ホリヤーとルーシー・スミスは素晴らしい著書の中で、この長めの睡眠を「コア・ナイト」と呼び、このコア・ナイトの睡眠を足がかりにして、赤ちゃんが夜通し眠る基盤をつくるようにアドバイスしています。

2週目の終わりまでには、出生時の体重が2100グラム以上の赤ちゃんであれば、夜中（深夜12時から朝6時の間）の授乳は一度だけで十分なはずです。もちろんそのためには日中の授乳で必要な量を飲み、午後10時～11時の授乳でも1回分をしっかり飲みきっていなければいけません。私の経験では、母乳育ちでもミルク育ちでも、夜中の授乳回数が2～3回で定着してしまっている赤ちゃんは、そのうち昼間に飲む量が減り始めます。すると、1日に必要とする栄養量を満たすために夜中に授乳する必要が出る、という悪循環に陥るのです。

ミルク育ちの赤ちゃんであれば、日中に飲んでいる量をチェックして、夜中に飲む量が増えすぎないようにコントロールするのは、それほど難しくありません。1日に必要な摂取量をカバーするのに、最初の1カ月に赤ちゃんが毎日どれくらいのミルクを飲めばいいかは、82ページの表を参考にしてください。

次のガイドラインと合わせてコア・ナイトの手法《メソッド》（254ページ）を用いれば、赤ちゃんが夜中に必要以上にミルクを飲むのを防ぐことができるでしょう。

母乳育ちの赤ちゃんだと、夜中に何度も目を覚ましておっぱいを飲むのは普通だと考えられています。実際のところ、たくさんの母乳育児の専門家がそれを奨励しているのです。夜を通して何度でも授乳ができるように、ママは赤ちゃんと一緒に寝るようにアドバイスされます。また、母乳をつくるのに必要なプロラクチンというホルモンが夜中に多く分泌《ぶんぴつ》されるという点をとりあげて強調しています。日中よりも夜中に多くおっぱいをあげるほうが、母乳を長く続けることができるという理屈のようです。もちろんこのアドバイスどおりにいく場合もありますが、最初の1カ月で母乳育児をあきらめてしまう人が本当にたくさんいることからもわかるように、大多数の母親には必ずしもその理屈は当てはまりません。すでに述べたとおり、夜中の授乳のために何度も起こされて疲れきってしまうのが、これほど多くのママが母乳育児をやめてしまう理由のひとつなのです。

母乳で育てていた何百人もの方たちのお手伝いをしてわかったのは、ママが夜中に一度でも長めに眠ることができると、おっぱいの出がよくなるということです。夜中のおっぱいの量が十分で満足いくまで飲むことができれば、赤ちゃんもすぐに寝ついて、朝まで眠ってくれるはずです。

以下のガイドラインには、授乳のために赤ちゃんが何度も夜中に目を覚ます理由と、それに対する解決法が示されています。

● 未熟児や極度に小さな赤ちゃんの授乳は、3時間おきでは足りません。このような特別な事情の場合は、小児科医の診断を仰いで一番よい対処法を教えてもらいましょう。

● 授乳のたびにしっかりおっぱいを飲んで（体重が3600グラム以上の赤ちゃんには常に両胸から授乳します）、お昼寝のときはぐっすり眠っている赤ちゃんであれば、午後10時の授乳の量が足りていないのかもしれません。

● 午後10時の授乳のときのおっぱいの出が原因なら、ミルクか搾乳した母乳を足して、1回の授乳で必要な量を赤ちゃんに確実に飲んでもらえば、簡単に解決できます。搾乳したお乳をあげることに決めた場合は、搾乳のために十分な時間を確保しておきましょう。午前中にしぼったお乳に、新しく搾乳した分を足すこともできます。

● あまり早く哺乳びんを使い始めると、赤ちゃんが胸からおっぱいを飲みたがらなくなるのではと心配するママがたくさんいるようです。私がお世話をした赤ちゃんは、みんな1日に一度は哺乳びんから飲んでいましたが、おっぱいを嫌がるようになった赤ちゃんはひとりもいませんでした。哺乳びんを使えば、パパに最後の授乳を交代してもらって、ママは夜10時にはベッドに就《つ》くことができるという利点もあります。

● 午後10時の授乳で毎回必要量を飲み干しているのに、1週間たっても変化がなく、いまだに一晩に何度も目を覚ましてしまう場合は、問題は授乳ではなく睡眠パターンの可能性が高いでしょう。もう1週間、ミルクか搾乳したお乳を足し続けてください。同時に、夜中に目を覚ましてしまう赤ちゃんのためのアドバイスが載っている279ページを参照してください。

● 脂質と栄養分の高い後乳に達する前におっぱいを切り替えていると、3600グラム未満の赤ちゃんの場合は、夜中に2回以上目を覚ますことが多くなります。

● 赤ちゃんの出生時の体重が3600グラムを超えていたのに、授乳のたびに片方の胸からしか飲んでいない場合は、おっぱいの量が足りていないかもしれません。1日数回、もしくは毎回授乳のたびに、もう片方のおっぱいもあげるようにしてください。最初の胸から20～25分間飲んだら、次のおっぱいから5～10分間飲ませるようにしてください。もし嫌がるようであれば、15～20分待って、もう一度あげてみましょう。

私のスケジュールを使っている赤ちゃんの大多数は、夜中の授乳が1回になると、その授乳の時間が少しずつ朝方まで延びていき、体の準備が整った時点で夜の授乳を必要としなくなって、そのまま朝まで眠るようになります。しかしときには、生後6週になっても、おっぱいやミルクを欲しがって午前2時に目を覚まし続ける赤ちゃんもいます。私の経験では、そのままその時間に授乳を続けていると、午前7時に飲む量が減って、結局欲しがらなくなってしまうことが多いようです。そのような場合には、「コア・ナイト・メソッド」を使います。この方法を使えば、赤ちゃんの1日の授乳回数が減る時期が来たときに、必ず最初に夜中の授乳を削ることができるようになるのです。

〈コア・ナイトの授乳〉

コア・ナイト・メソッドは、マタニティナースや生活スケジュールを実践するママたちによって長年使われてきた方法です。夜中に赤ちゃんがいったん長時間眠ったら、その同じ時間には二度と授乳をしてはいけないというルールに基づいています。万が一、赤ちゃんがその時間に目を覚ましてしまったら、自分で眠りに戻るまで数分様子を見ます。それでも寝つかない場合は、授乳以外の方法で寝かしつけてください。ホリヤーとスミスは、背中をトントン叩いたり、おしゃぶりをあげたり、お水をあげたりという方法をすすめています。ママが近くにいることを知らせて安心させるときにも、赤ちゃんがあまり興奮しないように気をつけてください。この方法で取り組めば、何日かすると、初めて長時間眠った夜と同じくらいかそれ以上眠るようになっていきます。またこのやり方で、就寝のためにもっとも重要な2つのスキルを赤ちゃんに身につけてもらうことができます。ひとつ目は、自分ひとりで寝つく方法、そしてもうひとつは、ノンレム睡眠（深い眠り）から覚めてしまったときに、再び自分で眠りに戻る方法です。

アデレード大学で一般診療を教えるブライアン・シモン博士も、6週を超える赤ちゃんに対して同じようなアプローチをすすめています。赤ちゃんの体重が順調に増えているのに、いまだに午前3時になると目を覚ましてしまう場合は、おしゃぶりか湯冷ましを与えます。赤ちゃんがそれでも寝つかなければ、寝かしつけるのに最低限必要なだけおっぱいをあげます。

夜中の授乳に関するこれらのメソッドは、両方とも新しいものではありません。40年のキャリアの間に3万5000人を超えるママにアドバイスを与えてきた育児の専門家であるクリスティン・ブルエルは、赤ちゃんが午前2時になると定期的に目を覚ましてしまうときは、生後4週を超えていて元気な赤ちゃんであれば、湯冷ましを与えるようにアドバイスしています。

このメソッドに着手する前に、次のポイントを注意深く読んで、あなたの赤ちゃんが本当に夜中に長時間眠る準備ができているかどうかを確認してください。

● これらのメソッドは、決して月齢の低い赤ちゃんや体重が増えていない赤ちゃんには使わないでください。

● 以下の条件を満たしていることを確かめてください。①眠る前の最後の授乳で、赤ちゃんが夜中に長時間眠るのに十分な量を飲んでいる、②毎週継続的に体重が180～240グラム増加している。

● 夜中の授乳量を減らしても大丈夫かどうかを見極めるための主なサインは次のとおり――体重が定期的に増加している、夜中の授乳を嫌がる、または午前7時の授乳の量が以前より減っている。

● 夜中の授乳を一気になくしてしまうのではなく、夜の最後の授乳から赤ちゃんが眠る時間を少しずつ延ばしていくのが、このメソッドの目的です。

● コア・ナイト・メソッドは、夜中に長時間眠れそうな兆しが3〜4晩連続で見られたら使うようにしてください。

● この方法は、ディマンド・フィードの赤ちゃんの夜中の授乳回数を減らしたり、1日の最後の授乳が終わったあとの睡眠時間を長くするのにも使えます。

食べ物の好き嫌いがある

離乳食を始めたばかりのころに授乳時間がきちんと管理されていれば、大多数の赤ちゃんは出された食事のほとんどを機嫌よく食べてくれるでしょう。9カ月になるころまでには、3回の食事から栄養のほとんどをとっているはずです。赤ちゃんが必要とする栄養素をまんべんなく摂取できるように、いろいろな種類の食品を食べさせるようにしてください。しかしこれくらいの時期になると、以前は喜んで食べていたものを嫌がり始める赤ちゃんも増えてきます。

赤ちゃんが9カ月から12カ月の間に、突然食べるのを嫌がったり、好き嫌いが出て機嫌が悪くなることがあれば、次のガイドラインを参考に原因を突き止めてください。

● 赤ちゃんが信じられないほどの量を食べると思い込んでいるパパやママがよくいます。赤ちゃんに出す食事の量自体が多すぎて、食べている量が少ないと勘違いしてしまうことがあるのです。生後9カ月から12カ月の赤ちゃんが必要とする食事の量のリストを載せますので、これを参考に、十分な量の離乳食を食べているかどうかを判断してください。

▼炭水化物　3ユニット

1ユニット＝パン1枚、シリアル30グラム、パスタ大さじ2杯分、じゃがいも小1個

▼野菜・果物（生の野菜を含む）　3～4ユニット

1ユニット＝りんご、洋ナシ、バナナ、にんじん小1個、ブロッコリー・カリフラワーの房2個、グリーンビーンズ大さじ2杯分

▼動物性たんぱく質　1ユニット　または植物性たんぱく質　2ユニット

1ユニット＝鶏肉、赤身のお肉、お魚30グラム、豆類60グラム

●赤ちゃんが自分で食事をすることは心身の発達に重要な役割を果たします。手と目の動きを連動させる練習になるうえに、独立心を養うことができるからです。6カ月から9カ月の間には、ほとんどの赤ちゃんが食べ物を手でつかんで口に運ぶようになります。汚れて散らかりますし、以前より時間がかかるようにもなります。それでも、食べ物に手を出して自分で食べたいという気持ちを押さえつけてしまうと、欲求不満がたまるだけで、非常に多くの場合、ママに食べさせてもらうのも嫌がるようになってしまいます。散らかってしまっても、手でつまんで食べられるメニューをたくさん取り入れて、何品かは赤ちゃん本人に食べさせてあげたほうが、残りの食事をおとなしくママのスプーンから食べることが多いようです。

●　9カ月になるころまでには、食べ物の色や形、それに食感に興味を持ち始めます。いろいろな種類の食品を全部ごちゃ混ぜにしてつぶしたものを食べさせていると、お気に入りの食べ物でもすぐに飽きてしまいます。野菜に興味がなくなってしまうのは、これが原因のひとつなのです。

●　食事のたびに、食感や色の違う野菜を少しずつ何品か用意したほうが、1～2種類の野菜を大量に出されるよりも、赤ちゃんの興味を惹《ひ》くでしょう。

●　甘いおやつやアイスクリームのデザートをいつもあげていると、メインの食事を食べなくなる原因となります。たとえ9カ月の赤ちゃんでも、食事を拒否して大騒ぎすればデザートがもらえるということをあっという間に学びます。ですから、お菓子やデザートは特別な日だけにして、食後には新鮮なフルーツやヨーグルト、チーズなどをあげるようにしましょう。

●　特定の食品を嫌がるときは、2週間後にもう一度同じものをあげてみてください。赤ちゃんの食べ物の好き嫌いは、最初の1年でずいぶん変わります。食べなかった食品をもう一度試してみるようにママが努力しなければ、たいていの場合赤ちゃんの食事の種類が非常に限られてしまいます。

●　食事の前にジュースやお水を与えすぎると、食事があまり進まなくなってしまうことがあります。1時間前などではなく、食事と食事のちょうど中間くらいに飲み物をあげるようにしてください。また食事のときには、少なくとも半分ほど離乳食を食べ終わった時点で、お水か薄めたジュースを飲ませるようにしましょう。

●食事の時間は、赤ちゃんの食べる量にたいへん大きな影響を与えます。朝食を午前8時以降に食べさせていると、午後1時より早いランチでは、お腹がすいていることは少ないはずです。同様に、夕食を午後5時を回ってからあげていると、赤ちゃんが疲れすぎているために食事の量が少なくなるかもしれません。

●食事と食事の間におやつをあげていると、ごはんのときに赤ちゃんの食欲がわかないことが多いようです。特にバナナやチーズのような消化に時間がかかる食べ物は注意してください。2日ほどおやつをあげるのを制限して、食事の時間の食欲が改善するかどうか確かめてみてください。

赤ちゃんの食べている離乳食の量が足りていないのではないかと心配なときは、保健師さんか小児科医からアドバイスをもらうようにしましょう。1週間で赤ちゃんが摂取した食べ物と飲み物の量や時間を記録しておくと、食事に関するトラブルの原因を突き止めるのに役立ちます。

おっぱいの出が悪い

成長するにつれて、赤ちゃんが飲むおっぱいの量は増加します。しかしそれには、赤ちゃんの成長に合わせて授乳時間と量を管理しながら、1回1回の授乳で飲む量が増えるようにママがリードしなければいけません。そうでなければ、赤ちゃんの飲む量は少ないままで、回数も減りません。

赤ちゃんが大きくなってもディマンド・フィードを続けるママから、頻繁に相談の電話を受けます。大多数は12週を超える赤ちゃんで、毎回の授乳で飲める量は増えているはずなのに、新生児のときと同じような感じでおっぱいをあげ続けているのです。1日に8〜10回の授乳も珍しくありません。

授乳のたびにまだ片方のおっぱいからしか飲まない母乳育ちの赤ちゃんも多く、ミルク育ちの赤ちゃんの場合は、90〜120ml程度しか飲んでいないようです。授乳間隔を延ばすためにも、1回の授乳で両胸から飲むか、ミルクを210〜240mlは飲んでいなければいけません。私は、将来の健やかな食生活の基盤が築かれるのは、この幼い時期だと固く信じています。授乳の問題が長期にわたって続くと赤ちゃんの睡眠パターンにも影響が出ることがあります。授乳に関するトラブルは、早いうちに手を打っておくのが望ましいのです。

母乳で赤ちゃんを育てているママにとっては、おっぱいの出が悪いというのは、一番よくある悩みではないでしょうか。特に夕方以降に出が悪くなります。そしてこれが、母乳育児がうまくいかなくなる理由のひとつなのです。夕方ごろになるとイライラして機嫌が悪くなる赤ちゃんがこれほど多いのは、お腹がすいているせいだと私は思っています。母乳の出のトラブルを早期解決しなければ、欲求を満たそうとして、夕方から夜にかけて赤ちゃんがずっとおっぱいを欲しがるようになってしまいます。

母乳の量は赤ちゃんが飲む量によって決まりますので、このようにお乳をあげる頻度が高いと、おっぱいに少しずつ頻繁に母乳を製造するようにシグナルを送ってしまいます。お腹がすいて機嫌が悪い赤ちゃんに何度もおっぱいをあげなければいけないというストレスのせいで、ママにも疲れがたまって、おっぱいの出がさらに悪くなってしまいます。疲労の度合いとおっぱいの出は密接に関係しているのです。母乳育児を始めてすぐの数週間は、赤ちゃんが必要とする以上のおっぱいがつくられているので、その時期にお乳を少し搾乳するようにすれば、おっぱいの出が悪いというトラブルを避けることができるでしょう。

1カ月未満の赤ちゃんが夕方になると機嫌が悪くなる場合は、おっぱいの出が足りていないせいだと考えられます。「母乳の出をよくするためのプログラム」で示されている時間に搾乳をすれば、問題を解決するのに役立つはずです。搾乳にほんの少しの時間を割くだけで、成長期がいつ来ても、赤ちゃんの食欲の増加に対応するのに十分な量のおっぱいが出ているはずです。

赤ちゃんが1カ月以上で、昼間の授乳のあとや夕方になると機嫌が悪くなる場合は、次の6日間のプログラムを実行すれば、母乳の出を短期間で改善するのに役立つはずです。

「母乳の出をよくするためのプログラム」

〈1〜3日目〉

午前6時45分

●両胸からそれぞれ30㎖ずつ搾乳します。

●夜中の授乳回数にかかわらず、必ず赤ちゃんを午前7時前には起こしてください。

●胸の張りが強い方から20〜25分間、そのあともう片方のおっぱいから10〜15分間授乳します。

●午前7時45分以降はおっぱいをあげてはいけません。授乳のあとは、最長で2時間は赤ちゃんに起きていてもらいましょう。

午前8時

●8時前には自分の朝食を食べ始めましょう。

午前9時

●寝る時間が来ても赤ちゃんの寝つきがよくないときは、最後にあげた方の胸から5〜10分間授乳してください。

●赤ちゃんが眠っている間に、少しでも体を休めるようにしましょう。

午前10時

●**何分眠ったかにかかわらず、午前10時には赤ちゃんは完全に目を覚ましていなければいけません。**

●お水と軽いおやつを食べながら、最後にあげた方の胸から20～25分間授乳します。

●二番目の胸から60 ml搾乳して、その後同じ胸から10～20分間授乳します。

午前11時45分

●お昼寝のときに赤ちゃんがお腹をすかせて目を覚ましてしまわないように、先ほど搾乳した60 mlを追加分として飲ませます。

●次の授乳時間が来る前に、必ずおいしいランチと休養をとるようにしてください。

午後2時

●**どれだけ眠ったかにかかわらず、2時までには赤ちゃんを起こして授乳を始めてください。**

●お水を1杯飲みながら、最後にあげた胸から20～25分間授乳してください。二番目の胸から60 ml搾乳し、その後同じ胸から10～20分間授乳します。

午後4時

●月齢に応じたスケジュールを参考にして、短めのお昼寝をさせてあげてください。

午後5時

●**赤ちゃんを完全に起こして、5時前には授乳を始めましょう。**

●両胸から10～15分間ずつお乳をあげます。

午後6時15分

●搾乳しておいたお乳を哺乳びんから飲ませます。体重が3・6キロ未満の赤ちゃんは60～90mlで寝つくはずですが、それより大きな赤ちゃんの場合は120～150mlほど必要なこともあります。

●赤ちゃんが寝ついたら、おいしい夕食を食べて体を休めましょう。

午後8時

●両胸から搾乳してください。

午後10時

●この時間に必ず両胸から搾乳してください。このとき搾乳できる量を見れば、どれくらいお乳が製造されているかを知るための目安にもなります。
●ママが早めに就寝できるように、午後10時30分の授乳をパパか家族の人に代わってもらってもいいでしょう。

午後10時30分

●赤ちゃんを起こして授乳を始めてください。哺乳びんを使って、搾乳されたお乳かミルクを全量飲ませましょう。授乳の量の詳細は82ページの表を参考にしてください。

夜中の授乳

赤ちゃんが午後10時30分の授乳で必要な量を飲みきっていれば、午前2時〜2時30分までは眠るはずです。目を覚ましたら、最初の胸から20〜25分間、もう片方から10〜15分間授乳します。朝5時ごろに再び起きてしまうのを防ぐためにも、必ず両胸から授乳してください。

午後10時半の授乳がすべて順調に運んだのに、午前2時前に赤ちゃんが目を覚ましてしまう場合は、空腹が理由ではないかもしれません。赤ちゃんが早めに目を覚ましてしまうその他の理由は、以下を参考にしてください。
●午前2時以前に起きてしまう理由は、掛けシーツを蹴り飛ばしてしまうせいかもしれません。

生後6週未満の赤ちゃんで、手足をばたつかせて起きてしまう子は、就寝時に腕も一緒におくるみの中に包み込む必要があるかもしれません。6週を超える赤ちゃんの場合は、脇から下をくるむ「半ぐるみ」で包んだほうが利点が多いでしょう。どの月齢の赤ちゃんでも、必ず掛けシーツは両端と足元側をきちんとマットの下に挟みこんでください。

●午後10時30分の授乳のときにしっかりおっぱいを飲めるように、赤ちゃんの目を完全に覚ましておく必要があります。午前2時より前に起きてしまう場合は、このときに少し長めに起こしておいて、午後11時15分に寝かしつける直前に、もう一度お乳をあげても効果があるかもしれません。

〈4日目〉

このころになると、朝方に胸の張りを感じるようになっているはずです。1~3日目のプランに次の修正を加えてください。

●赤ちゃんが午前9時~9時45分の間によく眠っている場合は、9時の授乳の時間を5分で切り上げます。

●ランチタイムのお昼寝でぐっすり眠っている、または午後2時の授乳タイムであまり飲まないようであれば、午前11時45分に追加する量を30ml減らしてください。

●午後2時の搾乳をやめてください。こうすることで、午後5時の授乳のときのお乳の出が改善するはずです。

●午後5時の授乳のときに胸の張りがいつもより強いようであれば、赤ちゃんが最初の胸を完全に空《から》にしているのを確認してから、次の胸に切り替えるようにしてください。お風呂の前に二番目の胸を飲みきっていなければ、お風呂を出たあとにもう一度飲ませてあげましょう。その後搾乳したお乳（またはミルク）を足します。

●午後8時の搾乳をやめて、午後10時の搾乳は午後9時30分に繰り上げます。この9時30分の搾乳で、両胸を完全に空にしてください。

〈5日目〉

●前日午後2時と午後8時の搾乳をやめたために、5日目の朝は胸がかなり張っているはずです。朝一番の授乳のあとに余ったお乳をしぼり出して、両胸を完全に空にしてください。

●朝7時の授乳では、まず張りの強い方の胸から20～25分間お乳をあげます。空になったら、もう片方の胸から搾乳をして、その後10～15分間授乳してください。搾乳の量は赤ちゃんの体重によって決まります。赤ちゃんが必要とする分だけあなたの胸にお乳がきちんと残っているように、ちょうどよい量を搾乳しなければいけません。午後10時に120ml以上しぼれるママは、次の表を参考に搾乳する量を決めてください

▼体重が3・6〜4・5キロの赤ちゃん　↓　120ml の搾乳
▼体重が4・5〜5・4キロの赤ちゃん　↓　90ml の搾乳
▼体重が5・4キロ以上の赤ちゃん　↓　60ml の搾乳

〈6日目〉

6日目には、搾乳したお乳やミルクを足す必要がないほど、母乳の出がよくなっているはずです。第6章の赤ちゃんの月齢に合わせた生活スケジュールにも十分ついていけるでしょう。スケジュール中の搾乳のためのガイドラインもしっかり守ってください。そうすれば次の成長期が来たときに、赤ちゃんの飲む量が増えても対応できるはずです。また、6カ月目に離乳食を始めるまでは、搾乳したお乳でもミルクでも、午後10時30分の授乳のときに哺乳びんの使用を続けてみてはどうでしょう。パパに授乳を交代してもらえばママが早めに就寝することができるので、夜中の授乳を乗りきるのも楽になります。

授乳を嫌がる

6カ月の赤ちゃんが飲むおっぱい（ミルク）の量は、離乳食の量が増えるにつれて次第に減り始めます。それでも9カ月になるまでは、母乳かミルクを1日に最低500〜600ml飲む必要があります。これが1歳になるころには350mlまで減ります。おっぱいやミルクに興味がなくなったり、飲むのを嫌がって必要量を飲まなくなったりしたら、離乳食をあげる時間や食べ物の種類に注意してみてください。

次のガイドラインを参考にして、赤ちゃんが授乳を嫌がる理由を突き止めましょう。

● 6カ月になるまでは、日中と夕方で4～5回授乳する必要があります。1回の授乳量は、ミルクの場合が210～240ml、母乳の場合は両方の胸からおっぱいを飲ませます。赤ちゃんが6カ月未満で早めに離乳食を始めた場合は、授乳の途中で食べ物を与えないようにしてください。残りのおっぱいやミルクを飲むのを嫌がることが多いからです。まず授乳をほとんどすませてから、お食事をあげるようにしてください。

● 離乳食を早めに始めていても、赤ちゃんが6カ月未満の場合、午前11時の授乳のときに1回分をしっかり飲ませる必要があります。朝食を導入するのが早すぎたり、朝一番の食事の量が多すぎると、午前11時の授乳の量が急激に減ったり、飲むのを嫌がる可能性があります。

● 6～7カ月の間に、午前11時の授乳は量を減らすか、あげるのを完全にやめてしまいましょう。

● 6カ月以下の赤ちゃんが、午後6時の授乳のときに飲む量が急に減ったり飲むのを嫌がったりするのは、離乳食を午後2時と5時にあげているのが原因であることが多いようです。離乳食になじむまでは、お昼の離乳食を午前11時にあげて、夕方の離乳食を午後6時の授乳のあとにあげるようにしてみてください。

●バナナやアボカドなどの消化に時間のかかる食べ物を与える時間帯によっては、その次の授乳のときに飲む量が減ってしまうことがあります。7カ月に入るまでは、そのような食品は昼間ではなく、午後6時の授乳のあとに与えるようにしましょう。

●6カ月を超える赤ちゃんが授乳を嫌がるのは、食間におやつやジュースを与えすぎているのが原因であることが多いようです。ジュースを水にして、食間のおやつを減らしてください。

●9～12カ月の間に、就寝前の授乳を嫌がり始める赤ちゃんがいます。これは午後2時30分の授乳をやめる準備ができている証拠です。その場合は、一気に授乳をやめてしまうのではなく、量を少しずつ減らしていくようにしましょう。

離乳食を食べたがらない

6カ月以上の赤ちゃんが離乳食を食べるのを嫌がるのは、おっぱい（ミルク）の飲みすぎが原因のことが多く、特に夜中の授乳がまだ続いている子によくあります。毎日離乳食にはほとんど手をつけず、3回食など問題外という赤ちゃんは、たいていディマンド・フィードで、いまだに夜中に二度、三度とおっぱいを飲んでいることもあります。6カ月の赤ちゃんにとっては、おっぱいやミルクは依然とても重要な栄養源ですが、授乳の時間や与える量を管理しないと、離乳食の導入に深刻な悪影響が出てしまいます。赤ちゃんが離乳食を嫌がるときは、次のガイドラインを参考にして原因を突き止めてください。

●離乳食は6カ月以降に始めることが推奨されています。赤ちゃんが6カ月で、午後10時から朝まで夜通し眠っている場合は、午後10時の授乳の量を徐々に減らしていき、最終的にはストップしてください。

●赤ちゃんが1日4〜5回の授乳では満足していないように見えたら、離乳食をスタートしてもよいころです。これは、1回の授乳量が、ミルクで240ml、母乳は両胸から飲みきっている場合です。

●赤ちゃんが6カ月を過ぎても1日に4〜5回以上授乳している場合は、おっぱい（ミルク）の飲みすぎが離乳食を嫌がる原因かもしれません。ランチの量を増やすために、午前11時の授乳の量を減らしてみてください。6カ月が終わるころには、赤ちゃんが1日に飲む総量は、3回の授乳と食事に使う分を合わせて600ml程度です。授乳の量を減らしても離乳食を受けつけないときは、できるだけ早く保健師さんか小児科医に相談してください。

授乳中に眠ってしまう

眠るのが大好きな赤ちゃんは、授乳中に居眠りばかりしているかもしれません。しかし十分な量を飲ませないと、1〜2時間後にはまたお腹がすいてしまうことになります。タイミングよくおむつを替えたりげっぷをさせたりして、おっぱいをきちんと飲みきるようにじょうずにリードしてあげてください。最初は少し手間がかかりますが、授乳のときに赤ちゃんの目をしっかり覚まして、スケジュールどおりに必要な量を飲んでもらえるようになれば、長い目で見ると苦労も無駄にはなりません。最初に半分だけ飲んで、10～15分間体を伸ばしたり足をバタつかせて遊び、その後再び機嫌よく残りを飲む赤ちゃんもいます。眠たがりの赤ちゃんに関して私が学んだ大切なポイントは、赤ちゃんに話しかけたり揺すったりして無理に目を覚まそうとしてはいけないということです。プレイマットやベッドメリーの下に赤ちゃんを寝かせて10分ほど遊ばせておくと、元気を取り戻してもっと飲むようになるものです。最初の1カ月は、授乳に最長で45分はかかると思っておいてください。

授乳のときに飲む量が少なかったせいで予定よりも早く目を覚ましてしまったときは、その時点でおっぱい（ミルク）をあげてください。おっぱいをあげずに次の授乳時間まで無理にひっぱろうとしてはいけません。赤ちゃんに疲れが出て、次の授乳のときにもまた眠くなってしまうだけです。おっぱいは、夜中の授乳の要領であげてください。その後、夕方の授乳に備えてスケジュールを軌道修正できるように、赤ちゃんをもう一度寝かしつけてください。

寝つきが悪い

お昼寝のときになかなか赤ちゃんが寝つかないときは、寝かしつけを始める時間と、寝かしつけにかける時間に、特に注意を払ってください。寝つきが悪い原因は、ほとんどの場合、疲れすぎか興奮しすぎです。

授乳と睡眠時間が軌道に乗り始めたら、今度は赤ちゃんにひとりで寝つく方法を教えてあげなければいけません。赤ちゃんが泣いているのを聞くのはつらいでしょうが、じきにひとりで寝つくようになります。5～10分したら必ず一度赤ちゃんの様子を見に行ってください。深刻な睡眠のトラブルを抱える赤ちゃんをたくさんお世話してきましたが、いったん赤ちゃんがひとりで寝つく方法を身につけると、ご機嫌も改善し、リラックスして落ち着いた赤ちゃんに変身します。また日中のお昼寝が安定すれば、夜の睡眠状況も改善します。

赤ちゃんがひとりで寝つく方法を身につけることができるように、次のガイドラインを参考にしてください。

● おっぱいやミルクを飲みながら眠ってしまった赤ちゃんをその後ベビーベッドに移すと、スケジュールどおりの時間まで眠らない可能性が高くなります。ウトウトし始めてから30～45分たって浅い眠りのサイクルに入ったときに、ママが手を貸さなければもう一度寝つけないのです。授乳中に赤ちゃんが寝入ってしまったときは、おむつ替えマットに寝かせておむつを替えてあげましょう。こうすれば、半分目を覚ました状態の赤ちゃんをベビーベッドに寝かすことができます。

● 昼間の寝つきが悪く、ぐっすり眠れない赤ちゃんは、疲れすぎが原因のことが多いようです。3カ月未満の赤ちゃんが一度に2時間以上目を覚ましていると、疲れがたまって、かえって寝つけなくなってしまうのです。3カ月をすぎると、もう少し長く、2時間半くらいまで目を覚ましていられる子もでてくるでしょう。赤ちゃんが眠たがっているのを見逃さないように、目を覚ましてから1時間半がたったら、赤ちゃんから目を離さないようにしてください。

● ねんねの前に、月齢の低い赤ちゃんと「遊び」すぎるのは控えてください。可愛い赤ちゃんを抱きしめたくなるのはわかりますが、それが何度も続くと、赤ちゃんにも疲れがたまって気難しくなり、寝つかせるのが大変になってしまいます。赤ちゃんはおもちゃではありません。最初の数週間は赤ちゃんとのスキンシップが少ないのではないかと罪悪感を抱く必要はありません。特にねんねの前は注意しましょう。

● 眠る前に赤ちゃんに刺激を与えすぎると、赤ちゃんの寝つきが悪くなるもうひとつの大きな原因になります。6カ月未満の赤ちゃんは、眠る前に20分ほど静かにリラックスできる時間を設けてあげてください。6カ月以上の赤ちゃんであれば、興奮しすぎないように、就寝前はゲームや遊びを控えるようにしましょう。どの月齢の赤ちゃんでも、ベッドに寝かせるときには話しかけすぎないように気をつけてください。落ち着いた穏やかな口調で、「くまちゃん、おやすみなさい。お人形さん、おやすみなさい。いい夢を見てね」と毎回同じ簡単な言い回しでおやすみの挨拶をします。お部屋をいったん離れたら、様子を見に何度もお部屋に戻るのはやめましょう。

● 寝かしつけのときに悪い癖がついてしまうと、直すのに長い時間がかかります。赤ちゃんは目を覚ました状態でベビーベッドに寝かせて、ひとりで寝つくことができるようにならなければいけません。変な寝かしつけの癖が定着してしまうと、ある程度の睡眠トレーニングをしなければ問題が解消することはほとんどありません。きっかけさえ与えられれば、ほとんどの赤ちゃんは数日のうちに自分で寝つく方法を習得します。

早朝に目を覚ましてしまう

早朝に目を覚ましてしまう子どもになるかどうかは、最初の1年の睡眠リズムでほとんど決まると言って間違いないでしょう。午前5時から6時の間に、赤ちゃんと幼児は必ず眠りが浅くなります。再び寝ついてもう1時間ほど眠る子もいますが、それができない子もたくさんいるのです。

赤ちゃんが朝早く目を覚ますようになるかどうかは、2つの要因によって決まります。まずは子ども部屋（寝室）が暗いかどうかです。赤ちゃんが眠る部屋は、絶対に真っ暗でなければいけません。午前5時〜6時ごろ、赤ちゃんの眠りが浅くなったときに、私が担当した子のほとんどがもう一度自分で眠りに戻ることができたのは、これが理由だったと確信しています。ドアを閉めてカーテンを引いたら、おもちゃや本がまったく見えなくなるほど暗くなければいけません。これらのものが目に入ってしまうと、ウトウトしている赤ちゃんもパッチリ目を覚まして、遊び始めようとしてしまうのです。

また、最初の3カ月のうちに、ママがどのように赤ちゃんの早起きに対処するかで、これが癖になるかどうかが決まります。

最初の数週間は、午前2時～2時30分に目を覚ましておっぱいを飲んでいる赤ちゃんは、午前6時ごろにもう一度目を覚まして、おっぱいを欲しがることもあるかもしれません。しかしこの授乳を「夜中の授乳」と同じ方法で行うのが肝心です。電気は小さなライトのみをつけて、話しかけたり目を合わせたりしないで、できるだけ素早く静かに行わなければいけません。その後赤ちゃんを午前7時～7時30分まで眠るように寝かしつけます。赤ちゃんの目が冴えてしまいますので、必要なければおむつを替えるのは控えましょう。

赤ちゃんが午前4時近くまで眠るようになったら、そのときの授乳のあと朝6時に目を覚ましても、たいていは空腹のせいではありません。このときだけは、赤ちゃんが眠りに戻れるように、ママが手を貸したほうがいいでしょう。このとき一番重要なのは、赤ちゃんを素早く寝かしつけて7時まで眠らせることで、抱っこやおしゃぶりを使ってもかまいません。

このやり方は私がお手伝いしてきた何百人もの赤ちゃんに効果があった方法です。いったん夜通し眠るようになれば、午前7時になる前に起きてしまう子はひとりもいませんでした。確かに午前5時～6時くらいに目を覚まして、少しおしゃべりしたり歌を歌う子もいましたが、その後すぐに眠りにつくのです。

本の出版後、赤ちゃんが早朝に起きてしまう問題を抱える何百人ものパパやママとお話をする機会がありました。そのおかげで、赤ちゃんが早朝に目を覚ましてしまう理由がさらに明らかになってきました。ほとんどすべてのパパとママに共通していたのは、「赤ちゃんが自然に目を覚ますのを待つように」というガイドラインに従っていないという点でした。赤ちゃんがお昼寝から目を覚ましたとたんにベビーベッドから抱え上げているというのです。それが一定期間続けば、赤ちゃんが朝早く目を覚ましたときに、同じことをしてもらえるはずだと期待するのは当然です。

生後8週目から12週目の間は、ほとんどの赤ちゃんが目を覚ましてもすぐにおっぱいを欲しがらなくなるので、目覚めたあとしばらく赤ちゃんをひとりで寝かせておくのによい時期です。これを繰り返しながら、以下のガイドラインを参考にすれば、赤ちゃんが早朝に目を覚ましてしまうことはほとんどないでしょう。

● 最初からドアを閉めた真っ暗なお部屋で眠るのに慣れさせましょう。カーテンの隙間から光が漏れていないか確認してください。いったん赤ちゃんが寝ついたら、夜間用の明かりをつけたり、ドアを開けたままにしておくのはやめましょう。ある研究によると、暗闇では人間の脳内物質が変化して、眠る準備を始めるようです。赤ちゃんの眠りが浅くなると、ほんの少しの光でも完全に目を覚ましてしまうことがあります。

● 6カ月になるまではモロー反射で腕や足を発作的にピクリと動かす赤ちゃんも多く、掛けシーツを蹴飛ばしてしまったために、夜中に浅い眠りに入ったときに足をバタつかせる赤ちゃんをたくさん見てきました。モロー反射が完全になくなるまでは、赤ちゃんを掛けシーツでしっかりと包みこむことが大事です。スリーパーを使ってもいいでしょう。

● 赤ちゃんがベッドの頭側にずりあがって、掛けシーツから体が出てしまう場合は、スリーパーを使い、その上からシーツをかぶせてマットの下に挟みこんでください。

● 赤ちゃんがベッドの中で寝返りを打って動き回れるようになったら、掛けシーツははずして、スリーパーだけにしましょう。こうすれば赤ちゃんは制限を受けずに動けるし、夜中に寒いかもしれないと心配する必要もありません。季節に合ったスリーパーを選ぶことが重要です。

● 赤ちゃんが6カ月になり離乳食を始めるまでは、午後10時30分の授乳はやめないでください。離乳食を始める前に成長期が来たら、余分におっぱい（ミルク）を足してあげるようにしましょう。空腹のせいで早く起きることも少なくなるはずです。

● 6カ月以上の赤ちゃんで、午後10時30分の授乳を卒業している場合は、就寝時間は午後7時以降でなければいけません。この時間が来る前に赤ちゃんが深く眠り込んでしまうと、午前

7時前に目を覚ましやすくなってしまいます。

●夜中の授乳の量を減らして赤ちゃんを無理に眠らせようとするのはやめましょう。午前7時までぐっすり眠るように、夜中の授乳では赤ちゃんが欲しがるだけ飲ませてあげてください。午前7時まで夜通し眠る日が続き、朝目を覚ましたときにあまりおっぱいを飲みたがらないようであれば、夜中の授乳の量を減らしてもよいでしょう。

●朝5時、6時の授乳も「夜中の授乳」として扱いましょう。目を合わせず、話しかけないようにして、薄暗い部屋でできるだけ素早く行います。おむつを替えるのは、絶対に必要なときだけにしてください。

夜中にたびたび目を覚ます

ママのおっぱいがしっかり出始めるまでは、新生児の赤ちゃんは一晩に何度も目を覚まし、授乳が必要になることもあるでしょう。1週目の終わりまでには、体重が3200グラムを超える赤ちゃんであれば、午後10時～11時の授乳のあとに4時間ほどは連続で眠れるはずです。ただしそれには、赤ちゃんが1日の必要摂取量を日中にしっかり飲んでいなければいけません。小さめの赤ちゃんだと、24時間態勢の3時間おきの授乳を続ける必要があるかもしれません。

私の経験では、健康で授乳もうまくいっている赤ちゃんであれば、生後4～6週の間には、5～6時間連続で眠るようになります。スケジュールを守っていれば、この長めの睡眠は必ず夜中に来るはずです。私のスケジュールの最大の目的は、赤ちゃんが夜中に必要以上に目を覚まさないように、日中の生活リズムを整えるためのお手伝いをすることなのです。

夜中の授乳がどれくらい続くかは、それぞれの赤ちゃんによって違います。6～8週になると、午後10時半の授乳のあとに夜通し眠るようになる赤ちゃんもいますし、10～12週までかかる子もいれば、それよりもっと長くかかる子も、もちろんいます。日中の授乳時間と睡眠時間がきちんと管理されていれば、赤ちゃんの心と体の準備が整った時点で、必ず夜通し眠るようになります。1歳未満の健康な赤ちゃんが夜中に必要以上に目を覚ます主な理由を次にまとめました。

- 昼間に眠りすぎている――かなり小さな赤ちゃんでも、昼間は多少目を覚ましている必要があります。日中の授乳のあとに1時間～1時間半ほど目を覚ましていられるように手伝ってあげましょう。6～8週になると、ほとんどの赤ちゃんは連続で2時間までは起きていられるようになります。
- 昼間の授乳量が足りていない――夜中に何度も授乳するのを避けたければ、午前7時から午後11時の間に6回の授乳を組み込む必要があります。授乳をこの回数こなすには、必ず午前7時にスケジュールを始めなければいけません。
- 授乳のたびに赤ちゃんが十分おっぱい（ミルク）を飲んでいない――最初のうちは、片方の胸から最低25分間飲ませる必要があります。体重が3600グラムを超えていたら、もう片方のおっぱいも飲ませましょう。

●母乳育ちの赤ちゃんの場合、夜10時半の授乳で十分な量を飲んでいないと一晩に何度も目を覚ましやすくなるので、授乳のあとさらにおっぱいを足す必要があるかもしれません。

●6週未満の赤ちゃんはモロー反射が強く、腕や足を発作的にピクリと動かすせいで一晩に何度も目を覚ますことがあります。伸縮素材の軽量の綿シーツで体を包むと効果があります。

●月齢の高い赤ちゃんは、カバーを蹴って寒くなってしまったり、ベビーベッドの柵《さく》の間に足が挟まってしまうせいで、夜中に何度も目を覚ますことがあります。スリーパーを使えば寒くならず、柵の間に足が挟まることもありません。

●悪い寝かしつけの癖がついてしまっている――生後2～3カ月になると、赤ちゃんの睡眠サイクルが変化し、夜中に何度も浅い眠りのサイクルがやってきます。おっぱい、ゆらゆら抱っこ、おしゃぶり等で寝かしつけられるのに慣れていると、夜中も同じことをしてもらわなければ再び自分で寝つくことができなくなります。

●子ども部屋のドアを開けたままにしておいたり、小さめの明かりでもつけたままにしておくと、赤ちゃんが一晩に何度も目を覚ましやすくなります。

●離乳食を始めたときに母乳（ミルク）の量を急激に減らしすぎると、夜中に授乳が必要になって目を覚ますようになります。

病気のときの睡眠への影響

3カ月未満の赤ちゃんが風邪などの病気にかかったときには、夜中に看病する必要があるでしょう。私が、病気で夜中に何度も目を覚ます赤ちゃんのお世話をしたときは、赤ちゃんと同じお部屋で眠ったほうがスムーズにいくようでした。

赤ちゃんの月齢が高いと、夜の授乳はとっくに卒業しているのに、治ったあとも、病気のときと同じだけ手をかけてほしくて夜中に目を覚まし続けることがまれにあります。最初の数夜は様子を見に行って、湯冷ましをあげますが、完全に病気が治ったようであれば、甘やかさずにひとりで寝つくように放っておきます。ママにその覚悟ができていないと、結果として長期的な睡眠トラブルに発展してしまいます。

せきや風邪の症状が出たら、どんなに軽く見えても、医師の診察を受けましょう。深刻な肺感染にかかっている赤ちゃんのママたちから頻繁に相談を受けますが、早めに診察を受けていれば、そのような病気は防ぐことができたかもしれないのです。どんなに小さなことでも、赤ちゃんの健康について心配事がある場合は、必ず医師に相談してください。

ランチタイムのお昼寝がうまくいかない

〔ベビーベッドで眠らない〕

最初の数カ月間は、チャイルドシートやクーファンで機嫌よくウトウトする赤ちゃんが多いでしょう。しかし残念ながら、赤ちゃんが大きくなってよく動くようになると、チャイルドシートで長い時間しっかり眠ることは少なくなってきます。この習慣が身についていると、お昼寝をベビーベッドでさせるのに手を焼くことがあります。

チャイルドシートではなかなか満足な睡眠を得ることはできないので、赤ちゃんが成長するにつれて、うたた寝程度の睡眠が多くなり、結局あとで疲れが出てぐずりやすくなります。こうなると、夕方ごろにあまりおっぱいを飲まなかったり、就寝前の授乳を飲みきる前に眠ってしまったりということが起きます。すると結果的にお腹をすかせて夜中に目を覚ますようになり、次の日は家族全員疲れきって、事態は悪化の一途をたどります。ですから、この時間のお昼寝は、なるべく早い時期から、お部屋を暗くしてベビーベッドで眠らせるようにする必要があります。幼稚園の送り迎えや年長のお子さんがいるせいでそれができないときには、できるだけ赤ちゃんの睡眠が邪魔されないように、前もってベビーカーに乗せて寝かしつけ、お家の中でもなるべく静かな場所で眠らせておくようにしてください。

間違った方法で寝かしつけられるのに慣れてしまっているときは、なんとしてもお昼寝の時間に正しい寝つき方を身につけさせる必要があります。赤ちゃんをベビーカーや車に乗せて連れ出すか、ベッドやソファで一緒に横になりながら寝かしつけ、2時間しっかり眠らせます。これを1週間から10日続ければ、この時間に眠る習慣ができあがりますので、その後はほんの少しのトレーニングで、以前よりも楽にベビーベッドに寝かせることができるようになります。

〔お腹をすかせて目を覚ます〕

6カ月近くになって離乳食を始める赤ちゃんは、それまで食事かミルクが多めに必要になるかもしれません。9カ月未満の赤ちゃんは1日に最低600ml、9カ月を過ぎても500～600mlのおっぱい（ミルク）が必要です。

赤ちゃんが小さいときは、午前11時の授乳を午前10時30分に繰り上げて授乳を2回に分け、お昼寝の前におっぱいかミルクを少し足してあげてもいいでしょう。こうすれば、赤ちゃんがベッドに就くときにお腹をすかせているといった状況になることはありません。

月齢が高くなってきたら、ランチを午前11時に食べさせてください。お昼寝の直前に、午後2時30分の授乳で飲ませる分から少しおっぱい（ミルク）を足してあげることもできます。これを1週間続けて、状況が改善するかどうか様子を見ましょう。

1週間たった時点で、空腹が理由で目を覚ましているとはっきりしたら、離乳食の量を毎食増やす必要があります。ランチを正しい時間に戻して、おっぱい（ミルク）を足すのはストップします。これはさらに1週間かけて、ゆっくり行うようにしてください。

離乳食が軌道に乗り、赤ちゃんがこの時間にもうおっぱい（ミルク）を飲んでいなければ、午前中の1杯に加えて、ランチの時間にもお水か薄めたジュースをしっかり飲ませてあげる必要があります。のどが渇くせいでお昼寝から目を覚ましてしまうこともありますので、暑い時期には特に気をつけてください。

〔午前中の睡眠時間が長すぎる〕

午前中のお昼寝の時間と長さが適当かどうかをチェックしてください。月齢の低い赤ちゃんは午前9時、月齢の高い赤ちゃんは午前9時15分~30分より前に眠らせないように気をつけましょう。このお昼寝の時間が長すぎるようであれば、ランチタイムのお昼寝であまり眠らない理由はそれかもしれません。ランチタイムのお昼寝は、スケジュールの中でももっとも重要なお昼寝です。他のものより長く時間配分されていて、赤ちゃんの自然な睡眠サイクルとも合っています。

午前中のお昼寝時間を減らすには、3~4日おきに10分ずつ短くしていきます。9カ月未満の赤ちゃんであれば、20~25分になるまで減らしてください。赤ちゃんが疲れているように見えたら、ランチの時間を繰り上げて早めに寝かせる必要があるかもしれません。

〔問題が起きたときの対処法〕

ランチタイムのお昼寝で40~60分しか眠っていないと、就寝時間まで目を覚ましていることができません。この問題に対処するのに一番いいのは、午後2時30分の授乳のあとに30分眠らせて、その後4時30分にさらに30分寝かせることです。こうすることで、赤ちゃんの疲れすぎやぐずりを防ぐことができ、午後5時にスケジュールを再び軌道に乗せることができるので、午後7時の就寝がうまくいくようになります。

ランチタイムのお昼寝のときに眠らなかった分を埋め合わせるために、夕方に少し長めに赤ちゃんを眠らせるときは、それぞれのスケジュールの表に書かれている「お昼寝時間の上限」の長さを超えないように注意してください。午後7時の就寝がうまくいくように、午後5時以降は赤ちゃんを眠らせないようにしてください。

チェックリスト

- 空腹のせいで目が覚めることがないようにしてください。
- 寝かしつける直前にお水をあげて、のどが渇いていないようにしてください。
- 「チャイルドシートで眠らせる」などの寝かしつけのときの悪い習慣を直しましょう。赤ちゃんに十分におっぱいを飲ませて、お部屋を暗くし、ベビーベッドの中で眠らせてください。これを習慣づけるには時間がかかることもありますので、根気強く取り組みましょう。
- お部屋は真っ暗にして、隙間《すきま》から光がもれないように気をつけましょう。正午〜12時30分に年長のお子さんの送り迎えがあり、暗いお部屋で眠らせることができないときは、少なくともチャイルドシートかベビーカーに乗せて、静かな場所に連れて行きましょう。

●赤ちゃんが目を覚ましてしまうその他の原因を取り除いていきます。お部屋がうるさかったり、掛けシーツから体が出てしまうのも理由になります。

右の項目をすべてチェックし、効果が現れるまでの時間を十分考慮しても、問題が解決しないこともあるかもしれません。赤ちゃんが6カ月を超えていて、深刻な睡眠トラブルを抱えている場合などがそうです。そのようなケースでは睡眠トレーニングが唯一の解決策かもしれませんが、これは最終手段ですので、気軽に手を出すようなものではないということを忘れないでください。必ず保健師さんか医師に相談しましょう。

歯ぐずりのせいで夜中に目を覚ましてしまう

これまでの経験から言うと、小さなころから生活リズムがしっかり整っていて、健康的な睡眠習慣が身についている赤ちゃんであれば、歯が生える時期が来ても、それほどぐずることはないようです。お世話をしてきた三百人のなかで、夜中に歯ぐずりをしたのは、ほんの一握りの赤ちゃんだけでした。たいていの場合、臼歯《きゅうし》が生えてくるときに起きるようですが、通常ほんの数日でおさまります。歯ぐずりのせいで夜中に目を覚ましてしまう赤ちゃんは、もともとコリックの症状があった子で、すでに睡眠パターンが崩れてしまっているケースが多いような気がしました。

赤ちゃんが「歯ぐずり」のせいで夜中に目を覚ましても、抱っこやおしゃぶりですぐに再び寝つくようであれば、目を覚ましている本当の理由は、おそらく違います。歯が生えてくる痛みで苦しんでいる赤ちゃんであれば、もう一度寝かしつけるのはとても大変なはずですし、夜中だけでなく、日中もむずがっているように見えるはずです。「夜中に必要以上に目を覚ます」と「早朝に目を覚ましてしまう」の項目をチェックして、赤ちゃんが目を覚ましている本当の理由を突き止めてください。

赤ちゃんが夜中に目を覚ますのは、歯が生えかかっているときの激しい痛みのせいだと確信が持てる場合は、医師から鎮痛剤の使用についてアドバイスをもらうようにしてください。歯ぐずりのせいで数日夜泣きが起きることもあるかもしれませんが、数週間続くということは決してありません。赤ちゃんの元気がなく、熱がある、食欲がない、下痢等の症状が見られるときは、医師の診察を受けましょう。このような症状を歯が生えてきているせいだと片付けてしまわないようにしてください。単なる歯ぐずりだと思っていたものが、実は中耳炎やのどの感染症だったというケースが非常に多いのです。

訳者あとがき

２００５年11月にロンドンで娘を出産しました。３カ月後に一時帰国で日本に帰ったときのことです。家族が、私の娘を見て驚きの声を上げました――「一体どうやったら、そんな赤ちゃんに育つの⁉」

驚きの理由は、娘の眠り方にありました。というのも、私の娘は、まったく寝かしつける必要がない子だからなのです。夜は就寝時間にベッドに寝かせて電気を消せば、そのままひとりでコトンと眠りに落ちます。ご機嫌でニコニコ微笑むことはあっても、眠ることやひとりにされることが嫌で泣くことはありません。抱っこをして寝かしつけたり、子守唄を歌ったり、といったよくある『寝かしつけの方法』は一切必要ありません。そして、夜の8時から朝8時までぐっすり眠り、お昼寝も2時間しっかりとります。夜通し眠るようになるには多少の時間がかかりましたが、この寝かせ方は、娘が生後１カ月のときから続いています。

日本の親もとでの出産を選択せず、イギリス人の夫と二人でお産を乗りきることに決めた私は、出産直後から赤ちゃんのお世話で昼夜格闘していました。いつ眠って、いつ起きるかわからない子どもを抱えて、毎日が本当に長く感じられ、この状態が何カ月も続くのではないかと不安でいっぱいでした。熱にうなされながら夜中の授乳をこなすのも一度や二度ではありませんでした。そんな状態の私を見かねた夫のいとこたちが、今回訳すことになったジーナ・フォードの本をすすめてくれたのです。「この本を使えば、魔法のように赤ちゃんが夜眠るようになるわよ」と言われた私は、藁にもすがる思いでその本に飛びつきました。

その日から、私の生活は一変したのです。それまでの日本流の子育て法とは正反対と言ってもいいやり方に、目からうろこが落ちる思いでした。この驚きの体験は、忘れることができません。

「赤ちゃんまかせのためにお昼寝の時間が毎日違う」、または「おっぱいや抱っこで何分もかけて寝かしつける」という方法ではなく、赤ちゃんの授乳と睡眠のリズムを確立することで、寝かしつけの必要なく、夜通し眠る赤ちゃんを育てるのが著者のメソッドの特徴です。睡眠リズムを整えて毎日同じ時間に寝ていれば、自然とその時間が来ると眠くなるという理屈は、ご理解いただけるのではないでしょうか。また生まれたばかりで昼夜の区別がない新生児に、できるだけ早い時期から著者のスケジュールを使うと、生後4～6週間で朝まで眠るようになる赤ちゃんもいるというのです。

夜よく眠り、たっぷり休養のとれている赤ちゃんは、概して日中のご機嫌もよい場合が多く、赤ちゃんの生活リズムを整えることで、母子共に穏やかで満ち足りた日々を送ることができるのです。赤ちゃんだけでなく、子育てを頑張っているママにも優しい生活スケジュールが、本書の目玉なのです。

その成功と失敗の鍵を握るのは、①赤ちゃんの日中の睡眠時間、②授乳時間の管理、③正しい寝かせ方にあるため、同書には著者のナニー時代の経験に裏打ちされた授乳・睡眠に関する貴重なヒントが満載されています。

イギリスには、赤ちゃん専門のナニーが存在し、「マタニティナース」や「マンスリーナース」と呼ばれています。家に住み込み、朝から晩まで24時間、赤ちゃんと母親のお世話をするこの仕事。本書の著者、ジーナ・フォードも、もともとは著名人やポップスター、貴族を顧客に持つカリスマ・ナニーでした。授乳方法をはじめとした赤ちゃんのお世話に関する基本的な知識や技術を教え込み、睡眠不足の母親の代わりに夜中の授乳も請け負います。役目を終えて家を去るころには、赤ちゃんには生活リズムがしっかり身についていて、夜通し眠っている場合も少なくないようです。

その彼女が、より多くの人に自らのメソッドを知ってもらうため、１９９９年に出版したのが本書の初版です。子育て本のベストセラーとして50万部を突破しましたが、出版当初は広告等もほとんどなかったようです。しかし、実践的なメソッドは口コミで徐々に広がり、２０００年の夏には新聞の特集記事で、『赤ちゃんに必要なベスト・プロダクト50』の一つとして取り上げられました。２００６年4月には、ここに訳出した新版が刊行され、すでに25万部を売り上げたそうです。夜泣きのひどかった赤ちゃんを、あっという間に夜通し眠る子に変身させる魔法のメソッドは、多くの悩めるママたちのバイブルとなって実践されています。

日本で一般的に行われている授乳方法は、著者が本書の中で「ディマンド・フィード」と呼ぶ方法で、赤ちゃんが泣いておっぱいを欲しがるたびに欲しがるだけ飲ませ、「赤ちゃん主導」で行われます。この授乳方法をとっているママは、おのずと同じパターンでお昼寝もさせています。つまり、赤ちゃんが眠りたいときに眠らせ、起きたときがお昼寝の終了時間という具合です。これではママは、まったく先の予測がつかない毎日を過ごしていることになります。

しかし生活スケジュールを実践すれば、この関係は逆転します。「ママ主導」の授乳方法で、お昼寝も決まった時間にさせれば、一日の予定が立てやすくなり、子育てを楽しむ余裕も生まれてきます。なにより寝かしつけの必要がなくなれば、その時間を家事や自分のための時間にあてることもできるのです。気持ちにもずいぶんちがいが出るのではないでしょうか。

スケジュールをご覧になればわかるとおり、かなり細かく時間が指定されています。どんなに一生懸命スケジュール通りに1日を過ごそうと思っても、うまくいかない日ももちろんあります。私もできる部分だけを参考にして、自分のやり方や赤ちゃんのリズムに合わせて使っていましたが、それでも娘は驚くほどすんなりスケジュールになじみました。

もちろんイギリスにも、日本のママのように「ディマンド・フィード」で子育てをするママも存在し、本書が「イギリスの母親たちを二派に分けている」と新聞に書かれたこともありました。この「二派」とは、生活スケジュールを実践する「ジーナ派」と、赤ちゃん主導で育てながら自然とリズムが整うのを待つ「アンチ・ジーナ派」のことです。分刻みのスケジュールを「軍隊式」と揶揄《やゆ》する人や、赤ちゃんを泣かせることを短時間とはいえ「容認している」と、まるで母親の愛情が足りないかのように、ジーナ派を批判する人も少なからずいます。

ここで声を大にして言いたいのは、ジーナ流を実践しているからといって、子どもにかけている愛情が足りないというわけでは決してないことです。「気持ちよく眠っている子を起こす」「赤ちゃんが泣いているのに抱き上げない」から母親としての愛情が足りないという理論は、あまりに単純な発想ではないでしょうか。夜中に何度も起きているのは、赤ちゃんにとっても苦痛なはずです。大人でも夜中に何度も起きていれば、しっかり睡眠がとれないせいで、昼間の活動にも影響が出てきます。そんな赤ちゃんを夜通し眠るようにじょうずにリードしてあげることこそ、ママが子どもにしてあげられることなのではないかと私は思っています。

子育てに悩みは尽きません。赤ちゃんが三者三様なら、母親も三者三様で、既存の育児書同様、このメソッドが誰にでも当てはまるわけではないのは言うまでもありません。しかし、日本ではまだ知られることのないイギリスで人気の育児法として、悩める日本人ママたちの新たな選択肢の一つになることを、そして、赤ちゃん主導の子育てが主流の日本で、もう少しだけママにも優しい子育て方法が市民権を得ることを、願ってやみません。

最後に、編集担当のみなさんには、多大なご面倒をおかけしました。この場を借りてお詫びとお礼を申し上げます。また、本書を訳すきっかけをつくってくださった村松泰雄さん、仕事を進めるあいだ力になってくれた佐藤文江ちゃんと日本の家族には感謝の気持ちでいっぱいです。そしてなにより、さまざまな助言をくれた夫と健やかに育つ娘がいなければ、この本に出会うこともなく、出版にこぎつけることもなかったでしょう。心からありがとう。

２００７年２月

〈著者紹介〉
ジーナ・フォード　Gina Ford
上流階級や著名人、ポップスターの家庭でカリスマ・ナニーとして12年間働いた後、1999年に本書を出版。その実践に徹したメソッドは口コミで徐々に広がり、2006年４月発売の新版を含め、90万部のベストセラー育児書となる。夜泣きのひどかった赤ちゃんを、あっという間に夜通し眠る子に変身させる魔法のスケジュールとして知られ、多くの悩める母親のバイブルとなっている。現在は本の執筆のかたわら育児コンサルタントとして活動。著書はアメリカでも出版され、スペイン語、オランダ語、中国語などに翻訳されている。

〈訳者紹介〉
高木千津子　たかぎ・ちずこ
1972年生まれ。ロンドン大学ゴールドスミスカレッジ修士課程修了。雑誌のイギリス通信員、朝日新聞社ヨーロッパ総局のアシスタント・コレスポンダントを経て、ロンドンで通訳・翻訳の仕事をしながら娘の子育てに奮闘。

カリスマ・ナニーが教《おし》える
赤ちゃんとおかあさんの快眠講座《かいみんこうざ》

2007年３月30日　第１刷発行
2015年７月20日　第10刷発行

著　者　ジーナ・フォード
訳　者　高木千津子
発行者　首藤由之
発行所　朝日新聞出版

〒104-8011　東京都中央区築地 5-3-2
電話　03-5541-8832（編集）
　　　03-5540-7793（販売）

印刷製本　大日本印刷

Published in Japan by Asahi Shimbun Publications Inc.
ISBN 978-4-02-250261-2
定価はカバーに表示してあります